55 Texte erzählter Grammatik

55 Texte

erzählter Grammatik

Ausgewählt, selbst verfasst und
zum Nachdenken und Genießen empfohlen
von Wolfgang Menzel

westermann

Wolfgang Menzel, Dr. phil., em. Professor, Jg. 1935
Lehramtsstudium, Schulpraxis und Hochschulassistenz in Braunschweig,
Promotion in Göttingen. Professor für deutsche Sprache und Literatur und
ihre Didaktik an der Universität Hildesheim. Gab viele erfolgreiche Zeitschriften,
Sprachbücher und Lesebücher heraus, schrieb eine Fülle von Fachaufsätzen
zur Deutschdidaktik, setzte wie kaum ein anderer Maßstäbe in der Vermittlung
von Sprache und Literatur. Zu seiner Emeritierung erschien im Westermann
Schulbuchverlag der Band „Wege des Lernens im Deutschunterricht".

In dieser Reihe ist bereits erschienen:
Wolfgang Menzel/Jürgen Fröchling, 66 „unentbehrliche" literarische Texte,
Westermann Schulbuchverlag, Braunschweig 2003, ISBN 3-14-**12 2042**-5

Illustrationen: Konrad Eyferth, Berlin

© 2004 Westermann Schulbuchverlag GmbH, Braunschweig
www.westermann.de

Druck A¹ / Jahr 2004

Lektorat: Regina Nußbaum
Umschlaggestaltung und Typographie: Andrea Heissenberg
Lay-out und Herstellung: Sandra Grünberg
Druck und Bindung: westermann druck GmbH, Braunschweig

ISBN 3-14-**12 2044**-1

Inhalt

Einleitung

Dies ist ein Büchlein, mit dem ich Ihnen etwas über Grammatik erzählen möchte. Ja, *erzählen!* Denn sprachwissenschaftliche Darstellungen haben Sie wahrscheinlich schon öfter gelesen, und die sind nur in seltenen Fällen spannend. Ich aber möchte es Ihnen etwas spannender machen, – mit einer „erzählten Grammatik" sozusagen, in der Sie auf vergnügliche Weise Bekanntes und Neues erfahren über grammatische Kategorien, wie zum Beispiel der Wortarten und Satzglieder, der Zeitformen, der Konjunktive, des Passivs usw. Das möchte ich im Zusammenhang und am Beispiel von Texten tun. Deswegen habe ich eine hübsche Versammlung besonderer Geschichten zusammengestellt, die, jede für sich, ein auffälliges grammatisches Merkmal besitzen, eine auffällige Syntax, eine besondere Tempusfolge, eine überraschende Fülle besonderer Adjektive, eine außergewöhnliche Wortstellung usw. Die Texte stammen aus der großen und kleinen Literatur und von mir selbst; es sind Erzählungen, Fabeln, kurze Geschichten, Anekdoten, Gedichte.

Die literarischen Texte habe ich ergänzt durch eigene Parodien. In einem „Thema mit Variationen" möchte ich jede grammatische Besonderheit mit einer Variation ins Licht Ihrer Aufmerksamkeit rücken und auf witzige Weise demaskieren. Aber Sie sollen nicht nur unterhalten werden, sondern auch Ihr Wissen aktualisieren oder erweitern. Deswegen empfehle ich Ihrer geschätzten Auf merksamkeit auch meine „Hinweise zur Sache", in denen die Texte unter grammatischen Aspekten unterhaltsam analysiert werden; dort wird auch die jeweils besondere grammatische Kategorie erläutert.

Mit all dem möchte ich Ihnen zeigen, wie sich Grammatik in Texten ausdrückt, wie Texte durch ihre Grammatik mitbestimmt sein können. Kein Regelbuch also, sondern eine, so hoffe ich, spannende Darstellung von Grammatik! Sie lesend werden Sie sich hier und da wundern, was für eine interessante Angelegenheit Grammatik sein kann – und manchmal auch: was für eine kuriose. Sie lernen genauer sehen, was Sie schon wissen; und manches lernen Sie kennen, was sich bei Ihnen vielleicht noch nicht bis ins Bewusstsein hochgearbeitet hat. Das ist ja seit je ein probates didaktisches Prinzip gewesen: Aufklärung durch Unterhaltung. Der Kalendermann Johann Peter Hebel wandte es genauso an wie der Herr Keuner von Bertolt Brecht. Doch während diese beiden über Gesellschaft, Politik und menschliche Verhaltensweisen aufklärten, möchte ich es über Grammatik versuchen.

Das kann natürlich in einem schmalen Buch nur ausschnitthaft gelingen. Deswegen habe ich mich um eine vollständige Systematik gar nicht erst bemüht. Geordnet ist das Ganze nach dem Alphabet der grammatischen Begriffe von *Adjektiv* bis *Zeitformen*. So erzähle ich Ihnen hier etwas über eine Wortart wie die Präposition, dort etwas über eine Zeitform wie das Präsens, an anderer Stelle etwas über komplizierte Satzgefüge und dann wieder etwas über ein Satzglied wie das Subjekt. Damit rücke ich einzelne grammatische Begriffe in Ihr Blickfeld, meistens auch im Zusammenhang mit verwandten oder kontrastierenden Begriffen. Meine Beispiele sind dann aber auch als Impuls gedacht, sich selbst, wenn Sie Vergnügen daran gewonnen haben, mit weiteren Einzelheiten zu befassen.

Und wem und wozu erzähle ich das Ganze? Natürlich nicht Fachleuten, die schon alles über Grammatik wissen, sondern einem breiteren interessierten Publikum, das noch einiges wissen möchte: zur Klärung seines Sprachgefühls, zur eigenen Weiterbildung oder zur Ergänzung des Studiums. Natürlich ist das alles auch für den Unterricht über Sprache und Literatur geeignet, auch zum genaueren Hinschauen auf das sprachliche Handwerkszeug von Schriftstellern. Vor allem aber soll es Ihrer auffrischenden Unterhaltung dienen.

Und warum mussten es ausgerechnet 55 Texte sein, die ich zu dieser die Erkenntnis fördernden Unterhaltung ausgesucht und geschrieben habe? Eine „Schnapszahl" eben, mit der ich signalisieren möchte: Das ist, wie es zu den eingefügten Variationen passt, ein Potpourri und keine Komposition in strenger Sonatenform. Das Kompositionsprinzip ist rhapsodisch. Wenn irgendwo in einer Schule oder einem Seminar, nun mit angesammeltem Wissen, weitere Kompositionen ähnlicher Art entstehen sollten, dann käme das der Absicht, die ich mit diesem Büchlein verfolge, sehr entgegen.

Am Ende des Bandes finden Sie ein Verzeichnis von Fachausdrücken, das Sie auf die einzelnen Kapitel verweist. Ein erster Blick dort hinein wird Ihnen zeigen, auf welche Begriffe ich mich in meinen Texten eingelassen habe.

Wenn Sie darüber hinaus die jeweilige Sache genauer studieren möchten, so empfehle ich Ihnen, in folgende Bücher hineinzuschauen:

Duden. Die Grammatik. Band 4. Mannheim: Duden Verlag, 1998
Eisenberg, Peter: Grundriss der deutschen Grammatik. Das Wort. Stuttgart: Verlag Metzler, 1998
Eisenberg, Peter: Grundriss der deutschen Grammatik. Der Satz. Stuttgart: Verlag Metzler, 1999
Macheiner, Judith: Das grammatische Varieté oder Die Kunst und das Vergnügen, deutsche Sätze zu bilden. Frankfurt a. M.: Eichborn Verlag, 1998
Menzel, Wolfgang: Grammatik-Werkstatt. Seelze-Velber: Kallmeyer Verlag, 1999
Weinrich, Harald: Textgrammatik der deutschen Sprache. Duden Verlag: Mannheim, 1993

Thema: Simplice

Wanda steht vor den Postfächern der Uni.

Sie hält einen Brief in der Hand.

Sie zögert.

Sie legt den Brief auf einen der Abstelltische.

Sie zündet sich eine Zigarette an.

Sie sieht ihren früheren Freund Janosch auf sich zukommen.

Er sagt:»Du rauchst wieder?«

Sie sagt:»Wie du siehst!«

Er sagt:»Du hattest doch mit dem Rauchen aufgehört!«

Sie sagt:»Ich bin davon dicker geworden.«

Er sagt:»Dick steht dir gut!«

Sie nimmt den Brief von dem Abstelltisch.

Sie wirft ihn in das Fach eines Dozenten.

Zur Sache:

Dies ist das Thema, das mit seinen Variationen die folgenden Texte begleiten wird. Die 23 Variationen sind jeweils einer bestimmten grammatischen Kategorie gewidmet: dem Konjunktiv oder dem Passiv, den verschiedenen Zeitformen, den Adjektiven oder den Präpositionen, den komplizierten Satzgefügen usw. Vorbild für diese Art der Variationen ist das Büchlein *Stilübungen*, das der Franzose Raymond Queneau schon 1947 geschrieben hat und das mich immer wieder dazu anregte, mit Schülern, Studierenden und Lehrerinnen und Lehrern auf Fortbildungsveranstaltungen ähnliche Variationen zu schreiben. Diese Variationen werden Sie zwar nicht bis in Ihre Träume, doch aber bis zum Ende meines Büchleins verfolgen, Sie hier und da in produktive Unruhe stürzen und Ihnen das jeweilige grammatische Thema auf etwas komische Weise erläutern. Ob Sie allerdings jemals erfahren werden, was es mit dem Brief der Studentin auf sich hat und warum sie auf ihren ehemaligen Freund so rätselhaft reagiert, möchte ich Ihnen nicht verraten. So viel sei aber gesagt: Jede meiner Variationen macht die Geschichte selbst nur noch undurchsichtiger. Dafür macht sie aber das durchsichtig, worauf es hier ankommt: etwas von ihrer Grammatik.

Adjektive

Arno Holz **Berliner Himmelfahrtstag**

In den Grunewald,
seit fünf Uhr früh,
spie Berlin seine Extrazüge.

Über die Brücke von Halensee,
über Spandau, Schmargendorf, über den Pichelsberg,
von allen Seiten,
zwischen trommelnden Turnerzügen, zwischen Kremsern
mit Musik,
entlang die schimmernde Havel,
kilometerten sich die Chausseeflöhe.

„Pankow, Pankow, Pankow, Kille, Kille"
„Rixdorf" „Schunkelwalzer" „Holzauktion"

Jetzt ist es Nacht.

Noch immer
aus der Hundequäle
quietscht und empört sich der Leierkasten.

Hinter den Bahndamm, zwischen dunklen Kuscheln,
verschwindet
eine brennende Cigarre, ein Pfingstkleid.

Luna: lächelt.

Zwischen weggeworfnem Stullenpapier und Eierschalen
suchen sie die blaue Blume!

Berliner Himmelfahrtstag

Zwischen
entleerten, ausverzehrten,
zackenrandrissigen, zackenranddeckeligen, zackenrandsplissigen
Konservenbüchsen,
zerknülltem, zerknüttertem, zerknautschtem
Stullenpapier
und kaputten, abgepellten,
weggeworfenen, weggestreuten,
ausgetutschten,
ausgenutschten, ausgelutschten
Eierschalen
suchen sie … die blaue
Blume!

Zur Sache:

1899 schrieb Arno Holz das erste der beiden Gedichte über den Frühlingsausflug der Berliner in den Grunewald. 1916 übernimmt er die letzten beiden Zeilen in sein Gedicht *Berliner Himmelfahrtstag*. Aber was macht er damit? Von den impressionistischen Anfängen zur expressionistischen Ästhetik der Wörter!

Nur so viel zu unserem Thema: Es ist die überbordende Fülle der Adjektive, die dem Text nun seinen Charakter verleihen. Die Wirklichkeit ist in Wörter verwandelt, die sich verselbstständigen: Dreck und Unrat werden zu einem Wortberg von Zivilisationsmüll aufgeschichtet, in dem oder hinter dem die Menschen suchen, wonach sie sich im Trubel des bunten Festes sehnen, symbolisiert in der *blauen Blume* der Romantik. Nur zwei Zeilen sind dieser Pointe gewidmet. Ein Bild für die Vergeblichkeit ihrer Suche.

Die Adjektive kommen wie Wortgeklingel daher. Sie sind aber kein Schnickschnack, keine trivialen Ausschmückungen, sondern das konkrete Sprachmaterial, das der Realität entspricht. So wie sich die gesuchten und erfundenen Adjektive im Gedicht anhäufen, das Eklige,

Dreckige und Gefährliche kennzeichnend und ironisch bewertend, so breitet sich der Müll der Realität über der Natur aus. Konkrete Poesie in ihren Anfängen! Anschaulichkeit durch Sprache! Dies ist eine der Funktionen des Adjektivs.

In meinen *Variationen* demaskiere ich zwei andere Funktionen: die der Typisierung, wie sie in der Trivialliteratur üblich ist, und die der Bewertung, wie wir sie aus der Werbung kennen.

2 Adjektiv-Variation: Adornamento

Ich habe mich noch gar nicht dazu geäußert, wie Sie sich unsere *merkwürdige* Studentin Wanda und ihren *ehemaligen* Freund Janosch eigentlich vorzustellen haben. Gehört es nicht zur *verdammten* Pflicht und Schuldigkeit eines Autors, zumindest jene Leser, die *fantasielos* sind, vor den *größten* Irrtümern über das Aussehen seiner Protagonisten zu bewahren? Also will ich hier die beiden so *präzise* beschreiben, wie mir das *möglich* ist.

Wanda, eine durchaus nicht *unhübsche* Studentin mit *natürlichem* Aussehen, wie es *frische* und *lebenslustige* Studentinnen zur Schau tragen, stand, wie Sie wissen, vor den Postkästen der Uni, um einen Brief irgendwie *geheimnisvollen* Inhalts einzuwerfen. Der war an einen naturgemäß etwas *älteren* Dozenten gerichtet, über dessen *äußeres* Aussehen ich jedoch nichts sagen kann, da ich ihn nicht kenne. Wahrscheinlich handelte es sich um einen jener *wohlgebauten*, mit *dunklem, fülligem* Haar und *sonorer* Stimme *ausgestatteten, kontaktfreudigen jungen* Männer, die unsere Universitäten bevölkern. Ich schließe das jedoch nur aus dem Umstand, dass Wanda ihren Freund Janosch, den ich ja kenne, verlassen hatte; und der besaß eine *magere, schlackernde* Figur und hatte *dünne, selten gewaschene blonde* Strähnen und sprach seine zumeist *ichbezogenen* Sätze mit einer *leise knarrenden* Stimme.

Die *hübsche* Wanda stand also in der *wenig betriebsamen* Halle neben den Postkästen, hielt ihr Brieflein in den *zitternden* Händen, legte es auf einen der *abgenutzten braunen* Tische, zündete sich, mit immer noch *zitternden* Händen, eine Zigarette an, blies den *weißen* Rauch in die *abgestandene* Luft und schaute ihm mit *verträumten* Augen nach. Da kam dieser Janosch, dessen Aussehen ich soeben *genauer* beschrieben habe, und sagte ihr *wenig freundliche* Worte. Jedenfalls interpretierte Wanda sie als ziemlich *uncool*. Mit *gebeugten* Schultern und *schleichenden* Schritten zog Janosch bald darauf wieder ab. Was sich in diesem Augenblick in Wanda ereignete, die einen wie *befreit klingenden* Seufzer ausstieß, wissen wir nicht. Wir sehen nur, dass *plötzlich* Blut in ihre *blassen* Wangen schoss, ihre soeben noch *zitternden* Hände den Brief mit *festem* Griff packten – und ihn *entschlossen* in den *dunklen* Schlitz des Postfachs ihres Dozenten einwarfen.

Adjektiv-Variation: Placativo

Frisch der *superweiße* Rauch einer Zigarette!
Beruhigend!
Und hier können Sie endlich wieder einmal lesen,
was Ihnen die Antiwerbung an *gutem* und *individuellem*
Geschmack auszureden versucht:
Die *außerordentliche* Wirkung einer *absolut untödlichen* Zigarette:
Sie macht *schlank* und *entschlossen*.
Erleben Sie mit, was zwei *junge* Menschen erleben.
Wie sie ihre Nöte mit einer *erfrischenden* Zigarette *frohgemut*
überwinden.
Wie ein *fröhliches* Mädchen einen *selbstbewussten* Mann auf
authentische Weise
für ein *höchst eigenwilliges* Anliegen zu gewinnen sucht.
Eine *erfrischende* Geschichte!

4 Adjektive

Robert Walser **Einmal geschah es**

Einmal geschah es, dass ein üppiges, alle ihre Üppigkeit aber sorgfältig verschließendes Mädchen, aus Oberburg gebürtig, mit einem ebenso geduldigen wie hartnäckigen Gesellen spazieren ging. Unwillkürlich schlenderten sie in den Wald, als müsse das so sein. Der einstige Erzieher griechischer Prinzen sprach zur Oberburg'schen Zugenähtheit: „Wenn du dich mir nicht bald einmal öffnest und mir nächstens gestehst, was du eigentlich bezweckst, so geschieht etwas." In der Tasche trug er einen unbesonnen flimmernden Revolver. Ihm war, als hocke ihm da drin in der Tasche ein Kröte. „Siehst du noch immer nicht, wie meine Augen wildverzweifelt rollen? Verstehst du denn eigentlich nichts zu lesen, du böse eigensinnige Bohne?", bat er flehentlich, vielmehr befahl er mit fürchterlicher Stimme. „Wohl seh' ich, dass du zu allem entschlossen oder gereizt[1] bist, aber dass mir das egal ist, darauf verlasse dich", gab sie trotzig zur Antwort, während sie hörbar Atem holte, wobei der Wonnebusen auf- und abflog. Sie gelangten in das traumartige Innere des Waldes. Krallenhaft umkrampfte eines ehemaligen Hofmeisters Hand die affige Waffe. Sie spürte es, aber ihres Herzens Trägheit war für sie wollüstig, faule Ausreden ersinnen empfand sie als etwas so grauenhaft Schönes, dass sie sich auch noch in so verhängnisvollem Augenblick lässig an den Lenau anlehnte, der uns die waldvogelhafte, geigenbogentrunkene Benennung sanft erlauben wird. Des Geschöpfes aus Oberburg bemächtigte sich eine eigentümliche, wenn auch kaum merkliche Bangigkeit. „Fängst du endlich an, etwas zu wittern und vor mir zu zittern", herrschte er sie flegelhaft an. Er glaubte, er wäre ein Raubritter und zu Bitterkeiten verpflichtet. „Ja, ich liebe ihn", hauchte sie endlich. „Dass ich es nicht längst schon dachte", sagte er, indem er von Minute zu Minute immer größere Augen mach-

---

[1] gereizt = „geneigt"

te, in denen sich ein wahres Meer von erbitterter Hülflosigkeit abspiegelte. Fester umschlang oder erfasste er seine kalte Kröte. „Du, dich töte ich!", schrie er lautlos. Wenn alles in uns schreit, bringen wir keinen Ton hervor. Wenn wir keinen Laut hervorbringen, brüllt unsere wildempörte Seele. Ein sonderbarer Lenau, das! Anstatt einen Band Gedichte herauszugeben, wofür es ja Verleger gäbe, brodelt und schmort er Schmorbraten-, Schnurrbartgedanken und sinnt an Mord. Ihr schönes Haar bekam einen eigenen Ausdruck von Grausamkeit, vermischt mit Bettkissenhaftem, also Bequemem. O, da hätte er sie in einen Koffer packen und fortsenden mögen, so gegenstandmäßig kam sie ihm vor. Als Leute von irgendwoher kamen, lagen da zwei Leichen; sie werden Sorge getragen haben, dass man sie aufhob. Wer gibt mir für dieses Drama ein paar Rappen? Liebende, sprecht euch fröhlich aus, sonst geht's euch wie diesen beiden, die ein glückliches Paar gebildet hätten, wenn's mir darum zu tun gewesen wäre. Aber es lag mir an Theatralischem. Und weil mich eine unbezwingliche Sehnsucht nach Gram überkam, mussten sie sterben. Seid artig, sonst geht's euch auch so. Dichter sind ein launisches Gelichter. So liegt nun das Mädchen aus Oberburg neben ihrem Lenau, und ich bekenne, dass ich über diese Tragödie beinah flenne. Geschehen vorigen Jahres im Kanton Bern.

Zur Sache:

Dies ist eine der skurrilen Geschichten, die Robert Walser in den Jahren 1924/25 in seinem ironischen Stil schrieb, der seine Texte heute als unverwechselbar modern erscheinen lässt. Ein Stil, in dem Artistik und Spontaneität, Trivialität und hohe dichterische Kunst, Subjektivität und Leserbezogenheit, Trauer und Witz, Märchenhaftigkeit und Journalistik sich gegenseitig durchdringen.

Ich habe diese Geschichte für Sie ausgewählt, um Sie darauf hinzuweisen, wie hier einfache Adjektive mit Nomen und Verben zu höchst originellen Adjektivgeschlängen miteinander verquickt werden *(geigenbogentrunken),* wie adjektivierte Nomen mit nominalisierten

Adjektiven kombiniert werden *(grauenhaft Schönes)*, wie mit adjektivischen Wiederholungen gespielt wird *(ein üppiges, alle ihre Üppigkeit aber sorgfältig verschließendes Mädchen)*, wie der Dichter es versteht, aus Adjektiven originelle Nomen zu bilden *(Zugenähtheit, Bettkissenhaftes)* oder aus Nomen originelle Adjektive *(krallenhaft, waldvogelhaft, gegenstandmäßig)*. Walser zieht alle verrückt und wohlklingenden Register der Wortbildungsmöglichkeiten und lässt so eine musikalische Farbigkeit ertönen, wie man sie zuvor nur im Barock oder im Expressionismus gehört hatte, aber ganz anders – und niemals dergestalt ironisch.

Zu diesen Wortbildungsregistern gehören die reinen Komposita *(wildempört)*, die Suffigierungen mit adjektivierenden Nachsilben *(flegelhaft, merklich, unbezwinglich, hartnäckig)* bzw. nominalisierenden Suffixen *(Üppigkeit, Bangigkeit, Zugenähtheit)*, die Umwandlungen von Partizipien zu Adjektiven *(flimmernder Revolver, verschließendes Mädchen)* und die zu nie gehörten Wortgebilden kombinierten Wörter verschiedener Wortarten *(geigenbogentrunken, bettkissenhaft)*.

Natürlich sind es nicht nur die Adjektive, die diese merkwürdige Art eines literarischen Kunststückchens in den Rang der Kunst erheben. Es ist vor allem die Kunst der Komposition von disparaten Elementen. Doch das steht auf einem literaturkritischen und nicht grammatischen Blatt!

Auf dem grammatischen Blatt steht, kurz gesagt: Adjektive sind jene Wörter, die zwischen Artikel und Nomen eingesetzt werden können und dort in der Regel flektierbar sind: *ein üppiges Mädchen*. Sie können, auch in der Regel, der Präzisierung, Bewertung, Charakterisierung, Ironisierung und näheren Beschreibung der Bedeutung des Nomens dienen. Doch oftmals tun sie nur so! Denn sie können einen Text auch mit reinem Geklingel ausstatten, der bloßen Verzierung dienen und (fast) nichtssagend sein. Darauf möchte Sie meine Variation *Adornamento* hinweisen, in der ja die Figuren mit Hilfe der Adjektive alles andere als *präzise* werden. Übrigens, wenn Ihnen meine Markierung der Adjektive nicht immer einleuchtet, dann denken Sie daran: Es gibt Adjektive, die attributiv gebraucht werden *(merkwürdige Stu-*

dentin), die adverbial gebraucht werden *(eigentlich vorstellen)*, dennoch aber Adjektive bleiben, da sie ja flektierbar sind *(die eigentliche Vorstellung)*, und solche, die prädikativ vorkommen *(Leser, die fantasielos sind* ····∶ *fantasielose Leser)*.

Was sonst noch interessant ist: Ein Wort wie *selten* ist ein Adjektiv, weil: *der seltene Vogel*, aber nicht: *manchmal* (Adverb), weil nicht: *der manchmale Vogel*. Und so ist es auch bei einigen anderen bedeutungsähnlichen Wörtern, die dennoch unterschiedlichen Wortarten zugeordnet werden: *häufig – oft, kaputt – entzwei* usw. Beim *roten Kleid* gibt sich *rot* mit seiner Flexion als Adjektiv zu erkennen. Der Usus, den Adjektiven eine Deklinationsendung anzuhängen, ist uns grammatisch in Fleisch und Blut übergegangen, so sehr, dass wir als Kinder auch von *rosanen* und *lilanen* Kleidern sprachen, obwohl es bei einigen Wörtern aus anderen Sprachen einfach und richtig ohne Endung geht: *das rosa Kleid* eben. Bei *ocker* und *pink* fällt uns das schon schwerer. Man hat uns in solchen Fällen zur sprachlichen Vornehmheit genötigt: *ein ockerfarbener Pulli* und, wenn's sein muss, *eine pinkfarbene Bluse*. Mit meinen Studentinnen und Studenten führte ich ab und zu per Abstimmung Befragungen durch. Eine pinkene Bluse ist durchaus schon im grammatischen Trend, ein fitter Körper auch, das futsche Geld erst bei ganz wenigen und eine ockere Hose (noch) nicht. Natürlich unterscheiden da die meisten fein säuberlich zwischen gesprochener und geschriebener Sprache. Aber es zeigt sich doch, dass die Sprache ständig in Bewegung ist.

5 Adjektive

Das appe Bein

Vor kurzem hörte ich es wieder im Fernsehen: Elke Heidenreich erzählte anlässlich einer Buchempfehlung, wie sie nach dem Krieg Männer gesehen habe „mit appem Bein und wekkem Arm". Da erinnerte ich mich, dass auch wir früher so sprachen, und mir fiel gleich noch dazu ein *die zune Tür* und *die nicht lang genuke Hose*. Schöne Beispiele sind das für das Bedürfnis der Kinder, Adjektivierungen zu kreieren, die es eigentlich nicht geben darf. Wie umständlich und vornehm hätten wir uns ausdrücken müssen, wenn wir das Gemeinte als abgetrenntes Bein, weggeschossenen Arm, geschlossene Tür oder womöglich als nicht hinreichend lange Hose hätten ausformulieren müssen. Leider haben uns Eltern und Schulmeister dergleichen praktische Adjektivierungen wieder ausgetrieben, sodass aus *ab, weg, zu* und *genug* keine Adjektive werden konnten wie aus *auf* das *offen: Die Tür ist auf – die offene Tür*, aber eben nicht: *Die Tür ist zu – die zune Tür*.

Auffällig sind aber immer die linguistischen Bauchschmerzen, die Einzelne äußern: „Wenn ich so etwas höre, tut es mir weh!" So ging es wohl auch meiner Mutter. Für sie war *kaputt* noch ein unflektierbares Adverb (wie heute noch das vornehmere *entzwei*); und obwohl sie von Adjektiven und Adverbien nichts verstand, verbot sie mir von *kaputtem* Spielzeug zu reden: „Das sagt man so nicht!" Heute ist *kaputt* zum Adjektiv mutiert, und wir brauchen das *entzwei* für diesen viel verwendeten Zweck nicht mehr. Doch Wörter wie *ab, weg, genug* sind es nicht. Schade?

Manchmal kommen Werbefachleute auf neue Sprachideen und kreieren mit Öffentlichkeitswirkung, wie es Kindern leider nicht möglich ist, eine *unkaputtbare Kreditkarte*. Auffälliger und populärer ist die allemal als eine *unzerstörbare*. Aber dagegen sträubt sich auch wieder das linguistische Gewissen. *Unzerstörbar*, ein Adjektiv aus einem passivfähigen Verb, heißt: kann nicht *(un-)* zerstört werden *(-bar)*. Die Nachbildung mit *kaputt* stammt aber eben nicht von einem solchen Verb, sondern von einem Adjektiv, – und deswegen ist's unstatthaft. Es ginge allenfalls eine *nicht-kaputt-zu-kriegende* … Das jedoch tut sich die Werbung nicht an! – Manchmal freut man sich aber richtig darüber, dass die Werbung der Sprache der Kinder so nahe ist. Vielleicht erfindet sie ja noch das *immergenuke Taschengeld zum Kauf pinkener T-Shirts.*

6

Adjektiv-Steigerung

Schwanger

Diese Geschichte ist kurz. In einer meiner Vorlesungen gab ich einmal Beispiele für Adjektive, die nicht komparierbar sind oder deren Steigerung semantisch keinen Sinn macht. Ich wies die Studenten zu ihrem Erstaunen (denn sie hatten wohl in der Schule gelernt, dass Steigerbarkeit geradezu ein Charaktermerkmal von Adjektiven ist) darauf hin, dass sich eine große Zahl neuerer Adjektive und Adjektivierungen dem Schema von Positiv, Komparativ, Superlativ entziehen und das Steigern nur ungern oder gar nicht gefallen lassen. Und ich gab ihnen Beispiele wie *rechteckig, quadratisch, rotbraun, täglich, blauäugig* usw. Auch erzählte ich ihnen am Beispiel einer Anekdote, dass der Komparativ durchaus nicht immer eine semantische Steigerung im Vergleich zum Positiv und Superlativ sein müsse: Ein Mann kommt zur Vernissage einer jungen Malerin in eine Galerie und betrachtet die Bilder: „Das ist schön", sagt er beim Herumgehen, „aber das ist noch schöner", als er das nächste Bild sah. Am Ende seines Rundgangs entscheidet er: „Das hier finde ich am schönsten." Als er gerade die Ausstellung verlassen will, fällt ihm ein Bild ins Auge, das noch von der letzten Ausstellung dort hängt und ihm fast die Sprache verschlägt: „Sehen Sie", sagt er zu der jungen Künstlerin, „und das ist wirklich schön!" Wir konnten nicht in Erfahrung bringen, ob es der jungen Frau auch die Sprache verschlug.

Im Fortgang meiner überraschenden Darlegungen nannte ich dann aus der Gruppe des Kernbereichs der Wortart Adjektiv Wörter, die schon jahrhundertealt sind und durchweg gesteigert werden können, außer dem Wort *schwanger*: Das lasse sich nun wirklich nicht steigern. Da rief eine Studentin mitten aus dem Hörsaal heraus: „Herr Menzel, haben Sie eine Ahnung!" Wir einigten uns darauf, dass es einen Unterschied gebe zwischen Semantik und Grammatik – und nicht zuletzt auch andere Steigerungsarten wie z. B. *hochschwanger* und das kindliche *mausetot*.

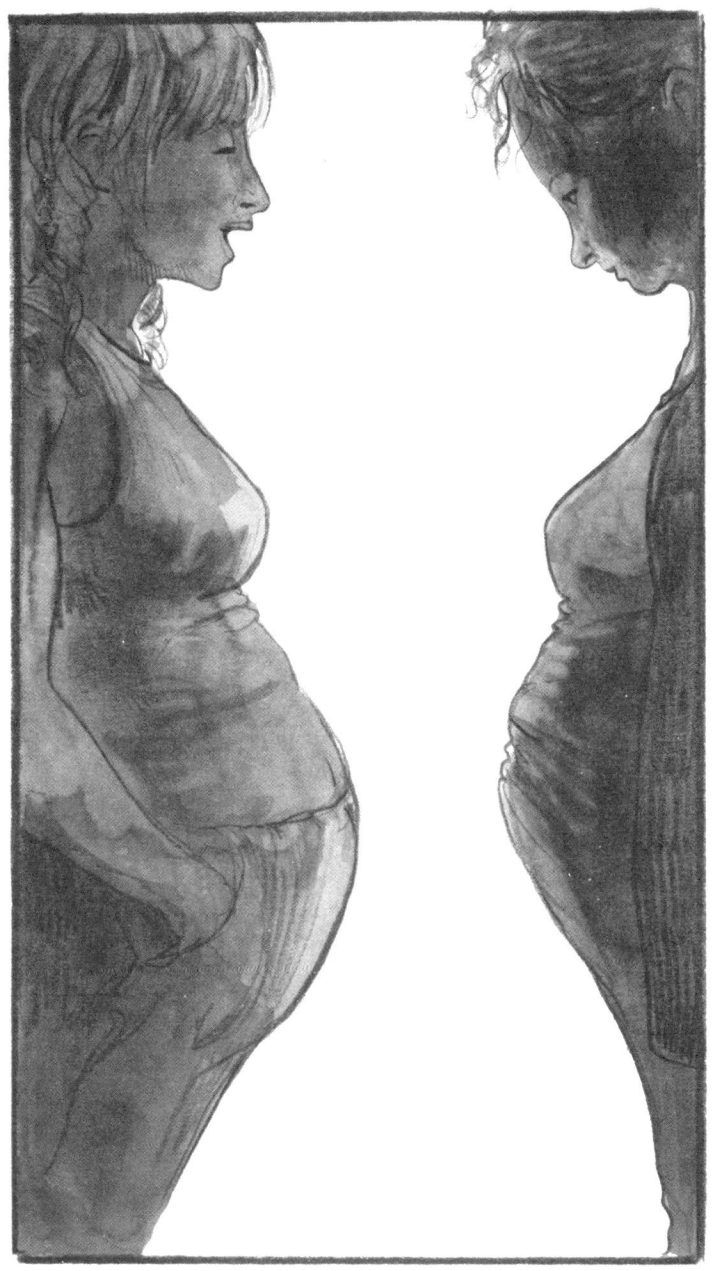

Zur Sache:

Die Vergleichs- oder Steigerungsformen von Adjektiven nennt man Komparation: Positiv (Grundform), Komparativ (Vergleichs- oder Steigerungsform), Superlativ (Höchstform). Formal lassen sich fast alle Adjektive in diesen Formen bilden: die meisten regelmäßig *(dünn, dünner, am dünnsten)*, einige umlautend *(hoch, höher, am höchsten)*. Doch semantisch macht dies bei vielen keinen Sinn, da es eine täglichere als die tägliche Zeitung nicht gibt und etwas Viereckiges nicht noch viereckiger sein kann. Adjektive, die an sich schon etwas Absolutes kennzeichnen wie *quadratisch*, sind daher nicht steigerbar, wenn auch die Kinder und die Werbung Absolutes zu steigern imstande sind. Die einen sprechen von der allertotesten Maus, die sie je gesehen haben. Man mag sich denken, wie die aussieht!

Vergleichssätze mit Adjektiven im Komparativ werden in der Standardsprache mit *als* gebildet *(größer als du)*, solche mit dem Positiv mit *wie*, auch wenn es sich semantisch um eine Ungleichheit handelt *(doppelt so groß wie ich)*. In der Umgangssprache und selbst bei den Dichtern kommt manchmal so etwas vor wie *größer wie du* oder bei Heinrich Heine: *Der Sarg muss sein noch länger wies Heidelberger Fass* oder gar: *Und holt eine Totenbahre | von Brettern fest und dick; | auch muss sie sein noch länger | als wie zu Mainz die Brück.* Das hat wahrscheinlich damit zu tun, dass die Steigerung doppelt markiert ist: durch den Komparativ sowieso – und dann noch einmal durch die Unterscheidung *als – wie*. Der sprachlich ökonomisch handelnde Mensch lässt sich dergleichen nicht immer gefallen und sagt sich: Eines von beiden reicht ja doch wohl! Solchen nicht unklugen Menschen macht's die Grammatik und mit ihr die gesamte gebildete Erwachsenenwelt manchmal nicht leicht. Der Dichter darf sich derart Unstatthaftes natürlich leisten, zumindest wenn er das lyrische Metrum auf seiner Seite hat. Das poetische Argument hat schon manches grammatische außer Kraft gesetzt!

Meine Variation spielt mit den verschiedenen Möglichkeiten vergleichender Betrachtung – natürlich auch mit anzüglichen, ironisierenden und grammatisch wie auch semantisch falschen.

Variation mit (Über-)Steigerungen: Sempre sforzando

Es dürfte von *höchstem* Interesse für Sie sein, dass Wanda, eine Studentin im *mindestens* zwölften Semester, einen Brief *vertraulichsten* Inhalts an einen ihrer Dozenten geschrieben hatte. Da lag nun, das wird Sie nicht im *Geringsten* wundern, nichts *näher,* als ihn eines Tages in dessen Postfach zu werfen. Und dabei wollen wir sie wieder einmal *aufmerksamst* beobachten.

Zögernder, als es sonst ihre Art war, legte sie den Brief zunächst *so beiseite wie möglich,* und zwar auf einen der Abstelltische. Zuerst noch eine Zigarette!, dachte sie, denn sie musste sich *höchstmöglichsten* Mut anrauchen. Nichts ist in solchen Augenblicken *beruhigender* als Nikotin! Doch im *nächsten* Augenblick war es mit der Ruhe vorbei. Janosch stand neben ihr, ein *längst* abgelegter Freund, der sich aber immer wieder einmal, auch bei noch *unpassenderen* Gelegenheiten, an sie heranzumachen wagte.

„Ohne Zigarette hast du mir *besser* gefallen, meine *Liebste.*"
„Am *besten,* du verpisst dich *möglichst weit,* mein *Schönster!*"
„O, *durchrauchteste* Blassheit, warum *so abweisend?*"
„Lass mich *gefälligst* in Ruhe!"
Aber sonst geht's dir gut?"
„*Bestens!*"
„*Dicker* geworden!"
„*Älter* geworden!"
„Aber noch immer nicht *alt!*"

Nachdem sich die beiden noch einige *weitere* Komparative und Superlative *ironischster* Güte um die Ohren geschlagen hatten, griff Wanda nach dem Brief auf dem Abstelltisch und warf ihn mit einem *vehementeren* Schwung in den Postkasten, als man es ihr anfangs zugetraut hätte. *Höchstbefriedigt* drehte sie sich um ihre eigene Achse und eilte davon. Einen *kopfschüttelnderen* Typen als diesen Janosch habe ich nie gesehen!

Artikel

Max Frisch: **Pfannenstiel** (aus: Tagebuch 1946–1949)

(…) Ein Mädchen und ein junger Mann haben zusammen ihre Jugend verbracht, bis es nicht mehr ging, und das alles ist lange her. Daß eine Liebe einfach verenden kann, es war nicht hinzunehmen; beide hielten es für eine Schuld, daß die Liebe sie verließ, und aus der Heuchelei, die ihre Zuflucht wurde, wucherten die wirklichen Verschuldungen. Da war das Versprechen der Ehe, das sich nicht halten ließ; man kann sich nicht aus Anstand heiraten. Das Mädchen, als sie endlich und zum letztenmal auseinandergingen, sank an der Haustüre zusammen, bewußtlos, so daß er sie tragen mußte, und als sie wieder zum Bewußtsein kam, stand er noch immer da, zum letztenmal entschlossen, daß sie heiraten werden. Er wollte kein Schuft sein, nicht diesem einzigen Menschen gegenüber, den er geliebt hatte wie noch keinen andern, und er war ein Schuft, was immer er sagte; er konnte es nicht halten. Das Gehen war Verrat, das Bleiben war Verrat. Das alles kostete viel Irrtum und Blut; es war eine häßliche Zeit, wüst und wirr. (…) Einmal, viele Jahre später, schreibt er einen Brief. Er weiß nicht, was er eigentlich schreiben soll. Er weiß, daß seine Verschuldungen sich nicht verjähren, und es soll keine Abbitte sein, keine Wehmut. Die Verschuldungen, die wir begehen, bleiben unsere Sache. Nur ein Gruß soll es sein. Es drängt ihn so klar, und er weiß nicht, warum er dieses Drängen töten soll. Er schickt den Brief, der fraglos ist, und erwartet nichts. Aber noch damit erwartet er zuviel. Die Antwort, die dennoch kommt, ist heftig und bitter und voll Rechthaberei. Es gibt eine männliche Rechthaberei, die stur und tumb ist und vielleicht gewaltsam, und es gibt eine weibische Rechthaberei, die anders ist, eifernd und kleinlich. Als er den Brief gelesen hat, steht er mit der Beschämung eines Menschen, der durch eine falsche Türe getreten ist und eine Entblößung sehen muß, die ihn nichts angeht; er steckt den Brief in einen neuen Umschlag und schickt ihn zurück. Sich selber nennt er einen Esel; es wäre die erste Frau gewesen, die großmütig bleibt, wo sie nicht mehr liebt, und in dem Alter, das er unterdessen erreicht hat, dürfte ihn diese Erfahrung nicht mehr überraschen

–

Wieder vergehen Jahre.

Einmal, es ist in einer anderen Stadt, geht er eine Treppe hinunter, zerstreut und ohne Blick; er fühlt nur, daß jemand, der eben die Treppe heraufkommt, plötzlich stehenbleibt und ihm den Weg verstellt. Es ist eine Frau, die ihn offen und betroffen anschaut, und eine Weile, während er ihrem Gesicht gegenübersteht, weiß er nicht sicher, wer es ist. Er sucht umsonst. Natürlich kennt man sich; es ist ein Gesicht, das ihn duzt, auch wenn es schweigt, ein gutes und reifes und warmes Gesicht, das über seinem ratlosen Suchen langsam zu lächeln beginnt und auf diese Weise vergißt, daß es selber betroffen war, und endlich, als er begreift, geben sie einander die Hand. Was sollen sie sprechen? Er will nicht fragen, und über das Wetter sprechen können sie auch nicht; er sagt:

„Es geht dir gut …“

„Und dir?“

„Du hast Kinder …“

„Ja!“, sagt sie fröhlich: „Und du auch.“

Das Gespräch ist ganz leicht und frei. Nur der Umstand, daß ihm noch immer nicht ihr Name auf die Zunge kommt, stellt alles wie hinter einen Schleier. Daß sie ihm noch einmal von vorne begegnet, er hätte damit rechnen müssen. Ebensowenig wie an ihren Namen, den er durch ein namenloses Du ersetzt, kann er sich im Augenblick erinnern, wie sich eigentlich die Geschichte mit dem Brief verhielt: ob er ihn wirklich zurückschickte damals, oder dachte er nur daran, wollte er es nur –

„Das ist meine Frau“, sagt er: „Und das ist Annemarie.“

Jetzt hat er auch den Namen, und überhaupt ist er es, der fortan redet, während die beiden Frauen, ohne daß sie die Augen dazu brauchen, einander anschauen. Irgendwie bleibt es unwahrscheinlich, daß es zwei sind. Als man weitergeht, sagt Annemarie genau, was er selber hätte sagen wollen; er sagt nur:

„Leb wohl!"

Sie sagt:

„Ich bin so froh, daß wir uns noch einmal gesehen haben."

Das tönt fast, als wäre ein Sterben in Sicht; sicher dachte sie durchaus nicht an Tod, es war nur das Gefühl eines Endgültigen, das auch ihn über die Treppe hinunter begleitet, und all die müßigen Gedanken, die nachher kommen, Gedanken, ob es möglich wäre, daß unser Leben hätte anders verlaufen können, am Ende sind sie nichts anderes als Wellen, die um das Endgültige branden, das wir anders nicht begreifen.

Zur Sache:

Die Artikel sind nun, weiß Gott, das Unauffälligste, was einen Text ausmacht. Eine Geschlechtsbedeutung besitzen sie, bis auf wenige Ausnahmen wie *eine Frau, ein Mann,* ohnehin nicht. Die Artikel geben das grammatische Geschlecht an: *maskulinum, femininum, neutrum. Die* Ente, *der* Fisch, sagt nichts darüber aus, ob weiblich, ob männlich.

Im Hinblick auf das Textverständnis besitzen diese kleinen Wörter aber eine wichtige Funktion. Eingeführt werden die Personen und Sachverhalte eines Textes in der Regel mit dem unbestimmten Artikel: *Ein Mädchen und ein junger Mann haben zusammen ihre Jugend verbracht ...* Von *ein, eine* erwarten wir, dass wir im Text nähere Aufklärung über die Bedeutung der Nomen erhalten werden, vor denen sie stehen. Sie treten also mit einem vorausverweisenden (kataphorischen) Gestus auf: Ich stelle euch jemanden vor, von dem noch die Rede sein wird! Sind die so bezeichneten Größen dann aber in das Geschehen eingebunden, so verwendet der Erzähler den bestimmten Artikel, der zurückverweist (also anaphorischer Natur ist): Ihr erinnert euch doch: *... das Mädchen ... sank an der Haustüre zusammen.* Zuerst ist von *einem* Brief die Rede, den der Protagonist schreibt, danach wird er sagen, dass er *den* Brief auch abgeschickt hat. Die zuerst eingeführten Personen und Dinge sind nicht „unbestimmt", sondern nur vorher noch nicht erwähnt.

Dass das bekannte Gesicht der einmal bekannten Frau dem Erzähler unbekannt geworden ist, signalisiert er, rückverweisend zwar, aber verfremdend, mit dem unbestimmten Artikel: *Es ist eine Frau, die ihn offen und betroffen anschaut ... es ist ein Gesicht, das ihn duzt, ...* Der unbestimmte Artikel für das Unbekannte oder hier: das unbekannt Gewordene. Wir sehen uns mit dem Erzähler plötzlich vor eine Situation gestellt, die den Anschein des Neuen erweckt. Auch hier ist das Gesicht der Frau, die plötzlich vor ihm steht, keineswegs „unbestimmt", sondern es erscheint nur irgendwie unerwartet.

Aber auch verallgemeinern kann der unbestimmte Artikel: *Daß eine Liebe einfach verenden kann ...* Zuerst ist ganz allgemein von *einer* Schuld die Rede, danach wird die Schuld genauer benannt als *die Heuchelei, das Versprechen der Ehe.* Das Spezifische steht mit *der, die, das,* das Allgemeine mit *ein, eine* oder ohne Artikel. Das Erstere ist Subjekt, das Letztere Gleichsetzungsnominativ: *Das Gehen war (ein) Verrat, das Bleiben war (ein) Verrat.* Das hat ebenfalls weniger mit „unbestimmt", sondern eher mit dem Anspruch auf allgemeine Gültigkeit oder mit Verallgemeinerung zu tun.

Schaut man sich einen Text oder einen Absatz genauer im Hinblick auf den Gebrauch der Artikel an, so wird man feststellen, dass zu Beginn die Artikel *ein, eine,* die das Neue einführen, recht häufig vorkommen; je weiter man aber in einem Text nach hinten kommt, umso seltener werden sie – und die Artikel *der, die, das* gewinnen die Oberhand. Alles wird zunehmend bekannter, Neues wird kaum noch eingeführt; Vorausverweisendes hat am Ende eines Textes nichts mehr zu suchen, alles ist auf Rückverweise ausgerichtet.

In meiner Variation ist das auch so, nur dass ich am Schluss ein Spielchen mit Ihren Erwartungen treibe, indem ich mit dem so genannten „unbestimmten" Artikel in Ihnen zwar eine Hoffnung wecke, sie aber dann doch nicht erfülle.

9 Artikel-Variation: mit Vor(be)halten

Eines Vormittags hatte sich *eine* Studentin, von der Sie noch mehr erfahren werden, angeschickt, *einem* ihrer Dozenten, von dem Sie vielleicht später einmal etwas erfahren werden, *einen* Brief zukommen zu lassen. *Die* Studentin hatte, wie Sie wissen, *den* schönen Namen Wanda, und *der* Brief musste, wie Sie ebenfalls wissen, *eine* irgendwie aufregende Nachricht enthalten. Von *der* Nachricht selbst allerdings wissen Sie so wenig wie *der* Erzähler selbst. Just an *dem* Vormittag begegnete *die* Studentin *einem* alten Freund. *Der* junge Mann trug, wie Sie wissen, *den* Namen Janosch. Da *die* Studentin *eine* Zigarette rauchte, kam es zu *einem* Geplänkel zwischen *den* beiden. *Der* Streit führte dann zu *einer* auch für Sie überraschenden Wendung. Von *den* Folgen allerdings wissen wir nichts. Dass *die* Studentin *den* Brief so plötzlich in *das* Postfach *des* Dozenten einwarf, das ist schon *ein* merkwürdiges Verhalten, das *den* Schluss *der* rätselhaften Geschichte völlig offen lässt.

Attribute

Der grüne Knollenblätterpilz

Sein mehr oder weniger ausgeprägt grüner *Hut* besitzt bei der Variation ‚*umbrina*' eine ins Schiefergraue tendierende Färbung. Die Variation ‚*alba*' zeichnet sich durch eine fast weiße, lediglich in der Hutmitte gelbliche oder grünliche Färbung aus. Allen Variationen ist eigen die feine, dunklere Radialfaserung der Huthaut und der glatte, riefenlose Hutrand. Die weißen, dicht stehenden, ungleich langen und bisweilen mit grünlichem Schein schimmernden *Lamellen* berühren den Stiel kaum oder gar nicht. Der feinflockige und auf weißem Grund hellgrün gebänderte *Stiel* entwächst einer *Knolle* mit weißer, breiter *Scheide* mit großen Lappen, die den Stiel nicht berühren. Das weiße und auch bei Verletzungen unveränderliche *Fleisch* des Pilzes riecht nach trockenem Klee und schmeckt unauffällig, aber auch angenehm. Eine winzige Kostprobe ist unschädlich, wenn man darauf achtet, dass man sie nicht verschluckt, sondern sofort wieder ausspuckt. Der grüne Knollenblätterpilz kommt vor allem in Parkanlagen vornehmlich unter Eichen und Buchen in kleinen Gruppen stehend vor, selten in Nadelwäldern. Er ist sowohl in roher wie auch in gekochter oder getrockneter Form *tödlich giftig*. Vergiftungserscheinungen treten manchmal erst zwei Tage nach Verzehr der Pilze ein. Im Falle einer Vergiftung verabreiche man dem Patienten alle halbe Stunde einen in Wasser gelösten Kaffeelöffel Kochsalz und veranlasse seine sofortige Überführung in ein Krankenhaus.

Zur Sache:

Das ist mal ein Sachtext, der die überlebenswichtige Funktion von Sprache, insbesondere von Attributen zeigt! Als eifriger Pilzsammler verdanke ich ihnen wahrscheinlich, dass ich noch am Leben bin. Ohne Attribute wären Pilze natürlich in der Realität eines Herbstwaldes auch unterscheidbar; doch meine Experimentierlust mit ihnen ist doch erst mit Hilfe von Bildern und vor allem von Sprache möglich gewesen. Ohne sie hätte ich die Fülle des Genießbaren entweder nicht kennen gelernt – oder wäre daran zu Grunde gegangen.

Attribute sind Beifügungen vor allem zu Nomen *(grüner Knollenblätterpilz)* und Adjektiven *(tödlich giftig)*. Sie präzisieren die Bedeutung auf äußerst komprimierende Weise. Dabei können wir uns den Prozess des Attribuierens so vorstellen: Ein selbstständiger Satz wie *der Knollenblätterpilz sieht grün aus* oder *er ist so giftig, dass er tötet* wird in ein Satzglied integriert, das dann seinerseits Teil eines Satzes wird: *Eine Knollenblätterpilzart ist grün. Sie ist so giftig, dass sie tötet.* ⤑ *Der grüne Knollenblätterpilz ist tödlich giftig.* Das ist Überführung verbaler Sprache in nominale, wie wir sie vor allem aus der Wissenschaft kennen.

Von ihrer Anordnung her können Attribute links vom Nomen *(breite Scheide)* oder rechts vom Nomen stehen *(Scheide mit großen Lappen)*. Dabei kann innerhalb von Attributen ein weiteres Mal und häufig auch viele Male erneut attribuiert werden *(mit großen Lappen)*. Man spricht dann von links- bzw. rechtsverzweigten Attributen. In zwei meiner Variationen habe ich diese Verzweigungsarten einmal bis zum Exzess vorgeführt.

Von ihrer Art her unterscheiden wir Adjektiv-Attribute wie *grüner Hut*, Partizipial-Attribute wie *tendierende Färbung*, Genitiv-Attribute wie *Radialfaserung der Huthaut*, pronominale Attribute wie *seine Überführung*, Adverb-Attribute wie *der Pilz dort*, präpositionale Attribute wie *Scheide mit Lappen*, Relativsatz-Attribute wie *Lappen, die den Stiel nicht berühren* und nominale Attribute oder Appositionen wie *die Variation, der Umbrafarbene.* Fast alle können sie miteinander und ineinander verschachtelt vorkommen und bei aller Verkürzung einen Satz manchmal mit einer Struktur ausstatten, die ein schier endloses, aber zumindest manchmal zeilenlanges Warten auf des nun endlich und hoffentlich auch großgeschriebenen, wenn nicht Pudels, so doch attributiven nominalen Kern vor sich herschiebt – oder nach sich zieht. Was der Schreiber an Verben einspart, muss eben der Leser durch Konzentration wieder ausgleichen. Ein Glück, dass wir die Großschreibung nicht abgeschafft haben, die vor allem linksverzweigte Attribute mit einem trigonometrischen Punkt ausstattet, den wir zumindest manchmal mit dem Fernglas erkennen können! Ich argwöhne ja, dass es vor allem die fleißigen Attribuierer waren, die sich bei der Großschreibung der Nomen durchgesetzt haben.

Mit meinen Variationen parodiere ich die beiden Möglichkeiten der Stellung der Attribute zu den Nomen: *Anhaltende Septimenakkorde* sind jene unaufgelösten Akkorde, die auf Auflösung warten lassen; sie stehen metaphorisch für linksverzweigte Attribute. *Triller mit Nachschlag,* das ist die Understatement-Metapher für Nomen mit rechtsverzweigten Attributen. Geben Sie sich der Musik andächtig hin!

Variation mit linksverzweigten Attributen:
Mit anhaltenden Septimenakkorden

Die *unsicher ihr Brieflein zwischen den Fingerspitzen haltende* **Studentin Wanda** verweilt zögernd vor den *mit den Dozentennamen beschrifteten universitären* **Postfächern.** Sie legt ihn zunächst auf den *neben den Fächern stehenden* **Abstelltisch** und zündet sich eine *mühsam aus einer roten Schachtel gefingerte* **Zigarette** an. In diesem Augenblick kommt der *ihr aus früheren Zeiten nicht in bester Erinnerung stehende* **Janosch** auf sie zu und macht erst eine *unpassende, das Rauchen betreffende* **Bemerkung** und lässt danach einen *wohl als Kompliment gemeinten, aber in diesem prekären Augenblick sie beleidigenden* **Satz** los. Danach packt Wanda den *gestern mit Skrupeln geschriebenen und eben noch zögerlich beiseite gelegten* **Brief** und wirft ihn in *des Dozenten* **Postfach.**

12

Variation mit rechtsverzweigten Attributen: Triller mit Nachschlag

Wanda, *eine Studentin des zwölften Semesters,* hält einen **Brief** *an ihren Dozenten* in der **Hand,** *die ein wenig zittert.* Sie zögert zunächst und legt den Brief auf einen **Tisch,** *der der Ablage von allen möglichen* **Dingen** dient, *die wichtig oder unwichtig sind.* Dann zündet sie sich eine **Zigarette,** *Marke Gauloise, die sie aus der Schachtel fingert,* an und beginnt in **Zügen** *voller Wohlbehagen* zu rauchen. Plötzlich kommt ihr **Freund** *aus früheren* **Jahren,** *an die sie sich nur ungern erinnert,* auf sie zu. Er macht **Bemerkungen** *sowohl erstaunter als auch anzüglicher Art, die Wanda nicht zu goutieren bereit ist.* Das ermutigt **sie,** *die eben noch zögerte,* den Brief entschlossen in das **Postfach** *des Dozenten* einzuwerfen.

Attribut oder Adverbial?

Der Mann mit dem Fernglas

Dass einem eine falsch verwendete Grammatik manchmal einen Streich bei der Verständigung spielen kann (siehe Kapitel 48 *Du hast gelügt!*), ja dass es mit ihr sogar zu einem veritablen Streit kommen kann, haben wir wohl schon alle einmal erfahren. Dass aber hin und wieder auch eine richtige Grammatik so ihre Tücken hat, davon möchte ich Ihnen eine kleine Anekdote erzählen.

Es war im Sommer auf Sylt. Ich stand am Abend an einer Theke in einer Kneipe in Westerland. Man sei in den Dünen von Sylt vor niemandem mehr sicher, hörte ich eine Blonde zu einer Rothaarigen sagen. „Du denkst, du bist allein und der Welt und deinem Lover entflohen, lässt dich nackt, wie Gott dich geschaffen hat, in der Sonne schmoren, und auf einmal siehst du da jemanden auf dem übernächsten Dünenkamm stehen und zu dir rüberglotzen. Unverschämt! Eine Zeit lang beobachtete ich den Mann mit dem Fernglas. Dann packte ich meine Sachen und ging runter an den Strand. Einfach unverschämt!" Die Rote schüttelte ihren Wuschelkopf, sie schien irritiert zu sein: „Du mit deinem Verfolgungswahn!" Die andere: „Ja, ich bin eben nicht so exhibitionistisch wie du. Ich kenne gottlob noch das natürliche Gefühl, so etwas unverschämt zu finden." – „Was ist daran unverschämt? Vielleicht hat er dich ja gar nicht gesehen. Oder hast du das mit deinem Fernglas so genau beobachtet?" – „Ich *ihn*? Er doch *mich*!", entrüstete sich die Blonde. Darauf die andere: „Aber du hast doch gesagt, du hättest den Mann mit dem Fernglas beobachtet." – „Nein, *er* hatte das Fernglas und beobachtete *mich*! – „Na, sag das doch gleich!" – „Hab ich das nicht?" (Siehe oben!) Und so weiter. Der Streit klärte sich nach (oder infolge?) einigen Gläsern Prosecco auf.

Zur Sache:

Meinen Studentinnen und Studenten habe ich diese Anekdote gelegentlich erzählt, um sie zur Lösung des Streits mit Hilfe grammatischer Begrifflichkeit zu ermuntern, und ähnliche Beispiele hinzugefügt wie *Sie las den Brief ihrer Schwester vor* – oder eher etwas für die wenigen männlichen Zuhörer: *Am späten Abend trafen die Fußballfans aus Dortmund mit dem Zug auf dem Hamburger Hauptbahnhof ein,* die aber nicht annähernd so aufregend sind, wiewohl so eine Fangruppe selbst, wie man weiß, einen unbeteiligten Reisenden ganz schön in Atem halten kann. Aber leider verlieren ja die aufregendsten Geschichten ihre sonnengebräunte Haut- oder borussiagelbe Trikotfarbe und erhalten etwas Blässliches, wenn man sie mit dem grammatischen Fernglas oder besser der Lupe betrachtet. Mir geht es zum Glück nicht so, und Ihnen, die Sie ja hinter jeder dieser Geschichten die knallbunte Farbe der Grammatik vermuten, gewiss auch nicht.

Grammatisch abstrakt gesprochen: Was die Blonde oben als Objekt mit angehängtem Attribut gemeint hatte *(den Mann mit dem Fernglas habe ich beobachtet),* hatte die Rothaarige als Objekt und zusätzliches Adverbial verstanden *(ich habe mit dem Fernglas den Mann beobachtet).* Da sie beide aber die Kategorien nicht so benennen konnten, war der Streit statt mit grammatischer Analyse nur mit Prosecco zu lösen. Dabei hätte die Blonde, um jedem Missverständnis vorzubeugen, mit Voraustellung des Objekts die Sache ins Lot bringen können: *Den Mann mit dem Fernglas beobachtete ich eine Zeit lang. Dann* ... na, Sie wissen schon. Immer wenn ein Adverbial (wie *mit dem Fernglas* oder *ihrer Schwester* oder *aus Dortmund*) zu sehr in die Nähe eines Objektes gerät, kann es als Attribut interpretiert werden – und flugs kommt es zu einem Missverständnis. Und der Hörer oder Leser fragt sich: Hat nun die Frau das Fernglas oder der Mann? Stammt der Brief von der Schwester oder liest sie ihn ihrer Schwester vor? Handelt es sich um die Fans von Borussia oder die vom HSV, die aus Dortmund, wo ihr Verein natürlich wieder einmal verloren hat, zurückkommen?

Will man das Adverbial unmissverständlich als ein selbstständiges Satzglied betonen, so müsste man es vom Objekt wegrücken: *Die Fußballfans trafen am späten Abend aus Dortmund mit dem Zug … ein.* Dann ist, allerdings nur durch die Zeitangabe, klar, dass es sich wohl um zurückkehrende Hamburger und nicht um Dortmunder handelt. Oder: *Ihrer Schwester las sie den Brief vor,* – dann weiß man, wem sie den Brief vorliest, wenngleich nicht, von wem er geschrieben wurde. Adverbiale sind umstellbare Satzglieder. Will man aber die attributive Zugehörigkeit zu einem Objekt betonen, dann muss man das Ganze umstellen: *Den Brief ihrer Schwester las sie vor – Die Fußballfans aus Dortmund trafen … ein.* Attribute lassen sich in der Regel nicht vom Objekt trennen, an das sie gebunden sind. – Aber eben nur „in der Regel"! Es gibt auch abtrennbare Attribute wie: *Kinder essen besonders gern Bratwurst mit Ketschup. – Mit Ketschup essen Kinder Bratwurst besonders gern.* Aber hier versteht keiner etwas falsch; denn dass der Ketschup zu den Würstchen und nicht zu den Kindern gehört, ist wohl nicht zu bezweifeln.

Imperativ

Uwe Timm **Erziehung**

lass das
komm sofort her
bring das hin
kannst du nicht hören
hol das sofort her
kannst du nicht verstehen
sei ruhig
fass das nicht an
sitz ruhig
nimm das nicht in den Mund
schrei nicht
stell das sofort wieder weg
pass auf
nimm die Finger weg
sitz ruhig
mach dich nicht schmutzig
bring das sofort wieder zurück
schmier dich nicht voll
sei ruhig
lass das

wer nicht hören will
muss fühlen

Zur Sache:
Denken Sie nur nicht, ich hätte nicht gewusst, dass diese Art der Erziehung ein Relikt der sechziger Jahre ist! Und die Kritik daran aus der emanzipatorischen Erziehung der Siebziger stammt! Nein, so etwas gibt es heute wirklich nicht mehr! Doch der Imperativ ist deswegen nicht ausgestorben. Er kommt nur anders daher, etwa so: *Möchtest*

du das nicht lieber lassen? – Hast du Lust, einmal herzukommen? – Du würdest mir eine große Freude machen, wenn du etwas leiser wärest. – Wenn du das in den Mund nimmst, wirst du krank, also überlege dir, ob du das wirklich möchtest. usw. Nein, wir gehen heute wirklich anders mit Kindern um!

Der Imperativ ist die grammatische Form für Befehle, Aufforderungen, Wünsche an andere, kurz: für Einwirkungen auf andere. Gebildet wird er in der 2. Person aus dem Präsensstamm mit der Endung -e, auf die man heute aber auch in der Hochsprache weitgehend verzichtet: *Wasch(e) dich! Kämm(e) dich!* aber: *Atme durch!* Einige ablautende Verben bilden den Imperativ mit i oder ie: *Wirf das nicht weg! Lies deutlich!* Im Plural ist der Imperativ weniger kompliziert: *Lest deutlicher!*

In der gesprochenen Sprache erhält der Imperativ in der Regel etwas Hochtönendes. Die Erststellung des Verbs zwingt uns ja auch fast schon dazu. In der geschriebenen Sprache wird er zusätzlich mit einem Ausrufezeichen versehen, außer in Anweisungen z. B. in Schulbüchern, die ohne besonderen Nachdruck gesprochen werden.

Nun ist der Imperativ das eine, das andere ist die Aufforderung; denn nicht jede Aufforderung kommt in der grammatischen Form des Imperativs daher. Das kennen Sie ja: Eine höfliche oder freundliche Aufforderung umschreiben wir gern als Frage oder Aussage: *Würdest du bitte etwas deutlicher lesen! Du liest das bitte noch einmal!* Am erhofften Erfolg ändert das wenig, doch es klingt anders, – jedenfalls dann, wenn man es anders zum Klingen bringt. Nachdrücklich oder gar böse können auch Frage- oder Aussagesätze klingen; und Imperative sind nicht per se schon die unfreundlichere Art der Aufforderung. Der Ton macht die Musik, und in den Noten der geschriebenen Sprache eben das jeweils gesetzte Satzschlusszeichen. In meiner Variation habe ich die verschiedenen Varianten des Imperativs einmal dargestellt.

Imperativ-Variation: Mit Nachdruck

„Tu's!", sagte Wanda.

„Tu's nicht!", sagte ihr Alter Ego.

Mach aus so einem Hin und Her mal eine Geschichte! sagte sich der Erzähler.

Das schaffst du nie! sagte der Leser, den er sich vorstellte.

Probier's! sagte der Erzähler zu sich selbst.

Also: Da stand nun unsere Studentin mit dem Brief an ihren Dozenten vor den Postfächern und wusste nicht, ob sie – oder ob sie nicht.

„Zünde dir erst mal eine Zigarette an!", sprach sie vor sich hin und tat es.

„Du rauchst ja wieder! Tut man denn so was?", sagte Janosch, der zufällig in der Universität vorbeikam und seine ehemalige Freundin im Flur stehen sah. Man kann seinen Vorwurf nicht nur aus dem Satz herauslesen, sondern konnte ihn auch an seiner Betonung hören.

„Halt die Klappe!", fuhr ihn Wanda unwirsch an.

„Les mal, was auf deiner Packung steht!", sagte Janosch.

„Lies! Es heißt lies!", korrigierte ihn Wanda.

„Meinetwegen. Aber hör trotzdem damit auf!", sagte Janosch, und das klang jetzt beinahe zärtlich und anrührend.

„Verderbe mir doch nicht die einzige Freude, die ich noch habe!", jammerte Wanda.

„Verdirb!", sagte Janosch. „Ich glaube, es heißt verdirb."

Da schrie sie ihn an: „Hau endlich ab!" Was er auch tat.

Darauf wedelte Wanda mit dem Brief, den sie in ihrer ausgestreckten Hand in die Höhe hielt, und ging zielbewusst auf das Postfach mit dem Namen ihres Dozenten zu.

„Tu's!", sagte sie.

„Na, dann tu es doch endlich!", sagte ihr Alter Ego.

Und dann warf Wanda den Brief in das Postfach und rief ihm hinterher:

„Richte ihm einen schönen Gruß von mir aus!"

Kasus

Christian Morgenstern **Der Werwolf**

Ein Werwolf eines Nachts entwich
von Weib und Kind und sich begab
an eines Dorfschullehrers Grab
und bat ihn: „Bitte, beuge mich!"

Der Dorfschulmeister stieg hinauf
auf seines Blechschilds Messingknauf
und sprach zum Wolf, der seine Pfoten
geduldig kreuzte vor dem Toten:

„Der Werwolf", sprach der gute Mann,
„des Weswolfs, Genitiv sodann,
dem Wemwolf, Dativ, wie mans nennt,
den Wenwolf, – damit hats ein End."

Dem Werwolf schmeichelten die Fälle,
er rollte seine Augenbälle.
„Indessen", bat er, „füge doch
zur Einzahl auch die Mehrzahl noch!"

Der Dorfschulmeister aber musste
gestehn, dass er von ihr nichts wusste.
Zwar Wölfe gäbs in großer Schar,
doch „Wer" gäbs nur im Singular.

Der Wolf erhob sich tränenblind –
er hatte ja doch Weib und Kind!!
Doch da er kein Gelehrter eben,
so schied er dankend und ergeben.

Zur Sache:

Dieser Mann aus dem alten Volksglauben, der sich zeitweise in einen Wolf verwandeln und andere Menschen bedrohen muss – und darunter leidet, wendet sich an einen Dorflehrer in der Hoffnung, er könnte ihn *beugen* und ihm damit vielleicht sein Schicksal erträglicher machen. Nun versteht ein rechter Deutschlehrer unter *beugen* eher das Flektieren eines Nomens als eine sozialtherapeutische Hilfe. Einen integrativen Deutschunterricht kannte er noch nicht, und er war damals dazu auch nicht ausgebildet worden, wie das ja heute bei allen Deutschlehrern der Fall ist. Also beugt er den Namen – und nicht den Charakter des Werwolfs. Vielleicht glaubt unser Dorfschulmeisterlein sogar, mit dem Beugen des Namens wirklich etwas für die Seele des Werwolfs tun zu können, denn er gibt sich redlich Mühe, indem er ganzheitlich denkt und gleich beide Teile des Namens zu beugen versucht.

Der Wolf versteht zwar von alledem nichts, ist aber glücklich über die sprachliche Zuwendung. Dass er diese dann auch seiner Familie zukommen lassen möchte, ist nur allzu verständlich. Doch da ist unser Lehrer mit seiner Weisheit am Ende, jedenfalls was beide Teile des Wortes betrifft. Er hat sich mit seiner analytischen Genauigkeit selbst in die Falle geritten, und er hat wohl auch damals die Grammatik der Wortbildung nicht genau genug lernen können, die ja besagt, dass die vier Fälle nur am ganzen Wortgebilde samt Artikel sichtbar gemacht werden können, also *die Werwölfe, der Werwölfe, den Werwölfen, die Werwölfe.* Er tut aber so, als wäre so etwas möglich wie *der Bösewicht, des Bösewichts, die Bösewichte* usf., was bei *Werwolf* im Plural nicht funktionieren kann, da dieses Interrogativpronomen keine Pluralform besitzt. Übrigens verschweigt unser Dorfschulmeister, wonach der Werwolf ihn gottlob auch nicht gefragt hatte, dass *wer* auch keine feminine Form hat; andernfalls hätte der Ärmste wohl schon vorher zu weinen angefangen. Der bedauernswerte Werwolf erfährt jedenfalls, dass seine Familie beim Plural außen vor bleibt, was ja zum Schicksal eines Werwolfs gehört. *Dankbar* ist er dem Dorfschulmeister trotzdem für sein Bemühen. Dass die Wissenschaft ihm nicht weiterhelfen kann, war wohl auch damals schon ein geläufiges Vorurteil.

Die groteske Tragik des Ganzen legt der lyrische Erzähler offen, indem er, was der Dorfschulmeister und zum Glück auch der Werwolf nicht weiß, uns Leser mit seinem Sprachspiel darauf hinweist, dass den vier Fällen selbst keine feste Bedeutung zugewiesen werden kann. Die Kasus sind weitgehend auf syntaktische Rollen festgelegt, und es ist vor allem von der Bedeutung des Verbs abhängig, in welchem Kasus das von ihm abhängige Objekt steht. So gibt es einige wenige Verben, die den Genitiv fordern: *Ich nehme mich seiner an;* andere, die den Dativ fordern: *Ich danke ihm;* wieder andere, die den Akkusativ fordern: *Ich sehe ihn.* Die Dativobjekte sind überwiegend „personal" besetzt; fordert ein Verb zwei Objekte, so ist der Dativ vom Rezipienten besetzt, der Akkusativ von der Sache: *Ich schenke ihm einen Handwerkskasten.* – Aber das hat mit dem Werwolf schon nichts mehr zu tun – und hätte ihm wohl auch nicht weitergeholfen.

17   Komposita

Schweinschnitzel und Entebrust

In spanischen Urlaubsorten findet der Deutsche alles, was er in seiner Heimat in Thüringen, Frankfurt oder Hamburg zu essen gewohnt und ihm lieb und teuer, manchmal sogar billig ist, wenn auch oft sprachlich in ungewohnter Form. Wir wollten natürlich Spanisches essen, Sepia alla Plancha, – und bekamen es auch. Doch als ich auf der Speisekarte den Hinweis auf *Schweinschnitzel* und *Entebrust* fand, wies ich den Kellner diskret darauf hin, dass es im Deutschen *Entenbrust* und *Schweineschnitzel* heiße. Man möchte ja erstens etwas für die Völkerverständigung überhaupt tun und zweitens den deutschen Gästen nicht ihren Appetit durch falsches Deutsch verderben. Doch der Kellner lächelte etwas verlegen, zuckte die Schultern wie zur Entschuldigung und sagte in bestem Deutsch, dass es sich leider nur um die Brust einer einzigen Ente und das Schnitzel eines einzigen Schweins handle. Ob er damit unterstellen wollte, Deutsche seien gewohnt zum Abendbrot die Brüste mehrerer Enten oder die Schnitzel einer ganzen Reihe von Schweinen zu vertilgen, blieb ungeklärt. Immerhin bewies er mit seiner Antwort, fast auf Karl-Valentinsche Art (das war der mit den *Äpfelnknödeln*), dass er den deutschen Singular vom Plural unterscheiden kann. Und unser kleiner Sohn rief gleich dazwischen: „Eigentlich hat er doch Recht!" Natürlich wissen Sie, dass er nicht Recht hat, denn die Brust auch nur einer einzigen Ente heißt nun einmal *Entenbrust* – und umgekehrt, es mögen so viele Äpfel in einem Strudel sein, wie hineinpassen: das Ding heißt nun einmal *Apfelstrudel*.

Zur Sache:
Was tut sich da eigentlich bei zusammengesetzten Nomen (Komposita) zwischen Bestimmungs- und Grundwort? Merkwürdiges offenbar und zu mancherlei kabarettistischen Sprachspielen und schlauen Kellnerspekulationen Anregendes, aber offenbar grammatisch Ungehöriges. Die gute Speisekarte mag sich ärgern, so sehr sie will, ihr berechtigtes Begehren, zur *Speisenkarte* umgetauft zu werden, da doch nie nur eine einzige Speise auf ihr zu finden sei, hat sich kaum durchgesetzt, wohingegen die *Ansichtskarte,* die wir aus Spanien schrieben, sich mancherlei für ihr vornehmes Genitiv-s zugute hält, obwohl es ihr gar nicht zukommt. So ungerecht kann Grammatik sein!

In rund einem Viertel aller Komposita, die aus Nomen gebildet sind, steht ein Element, das man *Fuge* nennt. Solche Fugen bestehen aus -n *(Entenbrust),* -e *(Schweineschnitzel),* -s *(Kalbshaxe)* und noch weiteren. Drei Viertel aller Komposita hingegen enthalten keine solcher Elemente *(Abendessen, Bauchschmerzen, Magentabletten usw.).* Formal könnte man zwar von Plural- oder Genitivfugen sprechen, doch die Bedeutung von beidem haben sie nicht. Systematisch tritt die s-Fuge bei Nomen mit den Nominalisierungsmorphemen *-heit, -keit, -schaft, -ung* auf (*Landschaftserlebnisse, Bildungshunger, Völligkeitsgefühle, Krankheitserscheinungen* – und was es sonst in den Ferien noch gibt). Solche Fugenelemente erleichtern die Aussprache der zusammengesetzten Nomen, verleihen den Wörtern rhythmische Struktur, markieren die Grenzen zwischen den beiden Teilen des Kompositums und signalisieren die Nominalität des Bestimmungswortes.

Meine Vergrößerungs-Variation möchte Sie aufmerksam machen auf die kreative Potenz, die der deutschen Sprache angesichts ihrer Wortbildungsmöglichkeiten innewohnt. Kinder nutzen sie manchmal noch, wenn sie Wortgebilde wie *Fensterfeger* für Scheibenwischer erfinden. Doch unter Erwachsenen sind dergleichen Spiele dann nur noch bei Dichtern, Wissenschaftlern und Journalisten beliebt. Und die haben ja auch ganz andere Möglichkeiten, mit immer neuen Wortbildungen den begrenzten Wortschatz der deutschen Sprache zu erweitern, und die Chance, eines Tages ihre Gebilde in Wörterbüchern unterzubringen, die allein dadurch von Jahr zu Jahr dicker werden.

Variation mit Komposita: Augmentation

An einem *Donnerstagvormittag* ereignete es sich, dass die *Sozialpsychologiestudentin* Wanda (Sie haben es sicher geahnt!) unschlüssig vor den *Dozentinnen-und-Dozenten-Postfächern herumwuselte,* weil sie nur den *Halbherzigkeitsentschluss* gefasst hatte, ihrem Dozenten den *entscheidungsträchtigen* und wahrscheinlich *folgenreichen Rückantwortbrief,* an dem sie bis *Mittwochmitternacht herumgegrübelt* hatte, einzuwerfen.

Sie legte den Brief vorerst auf einen der *kackbraunfarbenen Beistelltische,* welche *allmorgendlich* von einer der *Putzkolonnenfrauen* zwar *staubbefreit,* aber nicht wirklich *farbenbefroht* worden war, und *fingernestelte* eine *Filterzigarette* aus der mit dem *EG-verordneten genveränderungsandrohenden Todesanzeigenetikett* ausgestatteten *Hartboxschachtel* und zeichnete erst einmal *Rauchkringeleien* in die *unheilsschwangere Universitätsatmosphäre.*

Genau in diese *Verzögerungstaktik* hinein platzte der *Psychopathologiestudent* Janosch (auch das haben Sie natürlich geahnt!), der vormals ihr *semesterbegleitender Lebensteilzeitgefährte* gewesen war. Er *schleichwarb* sich an Wanda heran mit einer *gutgemeinten, nichtsdestoweniger* überflüssigen Frage, die Wanda zunächst mit einem *Rühr-mich-nicht-an-Blick* beantwortete. Als er ihr dann aber noch ein wiederum nicht *unwohlgemeintes* Kompliment über ihre *Körperfülligkeit* machte, geriet sie in einen *schreckenverbreitenden Wutausbruch.* Der hatte zweierlei zur Folge: nämlich einerseits, dass die *Sozialpsychologiestudentin* den Brief *postwendend* in das *Dozentenbriefkastenfach* einwarf, und andererseits, dass der *Psychopathologiestudent* Janosch sich *schulterzuckend* davonstahl.

(Dem Verfasser dieser Zeilen bleibt neben der *Unerklärlichkeit* dieses Verhaltens nur die Klage über die heutigen *Rechtschreibregeln,* die es ihm nur mit *Gewissensbissen* möglich gemacht haben, viele der *dergestalt begriffsbildenden, sinnworterweiternden* und *erkenntnisfördernden Wortkompositionen* zusammenzuschreiben.)

19 Konjunktionen, Relativpronomen

Zwei Anekdoten

Heinrich von Kleist **Anekdote**

Bach, als seine Frau starb, sollte zum Begräbnis Anstalten machen. Der arme Mann war aber gewohnt, alles durch seine Frau besorgen zu lassen; dergestalt, dass da ein alter Bedienter kam, und ihm für Trauerflor, den er einkaufen sollte, Geld abforderte, er unter stillen Tränen, den Kopf auf einen Tisch gestützt, antwortete: „Sagt's meiner Frau." –

Werner Fuld **Aus: Als Kafka noch die Frauen liebte**

Nachdem ein bei seiner Lesung vor Aufregung stotternder Autor den Ingeborg-Bachmann-Preis gewonnen hatte, wurde er zum Interview vor die Kamera gebeten, und der Journalist, der irritiert war, dass der Preisträger nun ohne jede Anstrengung flüssig sprechen konnte, fragte ihn nach der ersten Aufnahme, ob er nicht vielleicht fürs Fernsehen ein bisschen deutlicher stottern könne.

Zur Sache:

Anekdoten sind kurze Texte, in denen ein oder zwei Personen in Beziehung zu einem überraschenden Ereignis dargestellt werden und in denen das Erzählen zielgerichtet auf eine Pointe zustrebt. Manche von ihnen bestehen nur aus wenigen Sätzen, die eng miteinander verknüpft sind. Dabei spielen die Beziehungswörter, Konjunktionen und Relativpronomen vor allem, die die Sätze oder Teilsätze miteinander verbinden, eine entscheidende Rolle.

Die Konjunktionen, voraus- oder rückverweisend, explizieren dabei vornehmlich die zeitlichen, modalen und kausalen Verhältnisse; die Relativpronomen stellen rückverweisend die Korrespondenz her zu einem vorher genannten nominalen Ausdruck. Bei den Konjunktionen unterscheiden wir nebenordnende (wie *und, oder, denn, sowohl … als auch …*), die zwei Wörter, Wortgruppen oder Sätze miteinander verbinden, und unterordnende (wie hier: *als, da, dass, nachdem, ob …*), die einen vorausgestellten, eingeschobenen oder nachgestellten Nebensatz einleiten.

Wie sehr einerseits die Konjunktionen zur Spannung eines Textes beitragen, indem sie Erwartungen auf das Folgende aufbauen, und wie sehr andererseits die Relativpronomen den Erzählfluss unterbrechen – und damit ihrerseits Spannung erzeugen, wird deutlich, wenn man eine solche Anekdote einmal ohne diese Beziehungswörter liest:

Bachs Frau war gestorben. Der arme Mann sollte zum Begräbnis Anstalten machen. Er war gewohnt, alles durch seine Frau besorgen zu lassen. Ein alter Bedienter kam. Er wollte Trauerflor einkaufen. Er forderte Bach dafür Geld ab. Bach stützte den Kopf auf einen Tisch. Er antwortete unter stillen Tränen: „Sagt's meiner Frau."

Keine Spannung! Die Pointe verläuft fast im Sande. Konjunktionen sind also nicht nur, und vielleicht nicht einmal in erster Linie, die zeitlichen, logischen oder psychologischen Bindeglieder zwischen den Aussagen eines Textes, sondern jene Wörter, von denen Pfeile aus geschossen werden, die in eine Lesezukunft hineinzielen oder auf etwas Vorhergegangenes zurückzielen. Dabei wissen wir als Leser bei den Konjunktionen nie, wohin sie genau treffen. So überbrückt der Pfeil des *Nachdem …* unserer zweiten Anekdote einen weiten Bogen über den ersten Nebensatz hinweg bis zu … *vor die Kamera gebeten.* Dort erst kommt er am Ziel an. Und das merkwürdige *dergestalt, dass da …* (das übrigens heute mit veränderter Kommasetzung heißen würde: *und zwar so, dass, da ein alter Bedienter kam, … er … antwortete …*) ist das Musterbeispiel einer Kleistschen Konjunktionalkombination, die auf ein fernes Ziel ihren Pfeil abschießt.

In meiner Variation habe ich den Bogen, den die von Konjunktionen abgeschossenen Pfeile bilden, parodierend überspannt, sodass die Pointe, auf die er zielen sollte, besonders eindrucksvoll (oder ausdruckslos) ins Nebulöse entrückt erscheint – und die bei Ihnen aufgebauten Erwartungen nachhaltig enttäuschen muss.

Variation mit Beziehungswörtern: Presto

Als ····→ Wanda L., eine Studentin, sich gerade, *da* ····→ sie sich Mut anrauchen musste, ←···· *den* sie für ihr Vorhaben, ←···· *das* darin bestand, einen Brief, ←···· *den* sie an ihren Dozenten geschrieben hatte, ins Postfach zu werfen, dringend benötigte, eine Zigarette anzündete, begegnete sie ihrem früheren Freund Janosch, ←···· *der* sich über ihr Rauchen, ←···· *das* sie, *wie* ····→ er wusste, einmal aufgeben hatte, eines Vorwurfs nicht enthalten konnte. *Nachdem* ····→ die beiden für einige Minuten in einen Streit, ←···· *der* darin bestand, *ob* ····→ das Rauchen nun schädlich sei *oder* ····→ der Schönheit diene, geraten waren, warf die Studentin den Brief, ←···· *der* vorübergehend auf einem Abstelltisch gelegen hatte, *dergestalt* ····→ in das Postfach, *dass* ····→ er darin mit einem laut aufklatschenden Geräusch niederfiel.

Konjunktiv I

Friedrich Dürrenmatt **Der Auftrag**

D. hatte sich den Bericht der F. angehört und sich zerstreut ein Glas Wein bestellt, obwohl es erst elf Uhr war, und stürzte es ebenso zerstreut hinunter, bestellte sich ein zweites Glas und meinte … das Ganze wäre ein Stück für einen Komödienschreiber, verbärge sich nicht dahinter ein Problem, welches ihn, D., seit langem beunruhige, besitze er doch in seinem Haus in den Bergen ein Spiegelteleskop, ein ungefügiges Ding, das er bisweilen gegen einen Felsen richte, von wo aus er von Leuten mit Ferngläsern beobachtet werde, worauf jedesmal, kaum hätten die ihn mit ihren Ferngläsern Beobachtenden festgestellt, daß er sie mit seinem Spiegelteleskop beobachte, sich diese schleunigst zurückzögen, wobei sich nur die logische Feststellung bestätige, zu jedem Beobachteten gehöre ein Beobachtendes, das, werde es von jenem Beobachteten beobachtet, selber ein Beobachtetes werde, eine banale logische Wechselwirkung, die jedoch, werde sie in die Wirklichkeit transponiert, sich bedrohlich auswirke, die ihn Beobachtenden fühlten sich dadurch, daß er sie durch sein Spiegelteleskop beobachte, ertappt, ertappt zu werden erwecke Schmach, Schmach oft Aggression, mancher der sich verzogen habe, sei zurückgekehrt, wenn er, D., sein Instrument weggeräumt hätte, und habe Steine nach seinem Haus geworfen, überhaupt sei, was sich zwischen denen, die ihn beobachteten, und ihm abspiele, der seine Beobachter beobachte, für unsere Zeit symptomatisch, jeder fühle sich von jedem beobachtet und beobachte jeden, der Mensch heute sei ein beobachteter Mensch, der Staat beobachte ihn mit immer raffinierteren Methoden, der Mensch versuche sich immer verzweifelter dem Beobachtet-Werden zu entziehen, dem Staat sei der Mensch und dem Menschen der Staat immer verdächtiger, ebenso beobachte jeder Staat den anderen und fühle sich von jedem Staat beobachtet, auch beobachte wie noch nie der Mensch die Natur, indem er immer sinnreichere Instrumente erfinde, sie zu beobachten, wie Kameras, Teleskope, Stereoskope, Radioteleskope, Röntgenteleskope, Mikroskope, Elektronenmikroskope, Synchrotrone, Satelliten, Raumsonden, Computer, immer neue Beobachtungen entlocke man der Natur, von Quasaren, Milliarden Lichtjahre entfernt bis zu Billionstelmillimeter kleinen Partikeln, bis zur Erkenntnis, die elektromagnetischen Strahlen seien verstrahlte Masse und die Masse gefrorene elektromagnetische Strahlung, noch nie hätte der Mensch soviel von der Natur beobachtet, sie stehe gleichsam nackt vor ihm, jeder Geheimnisse bar, und werde ausgenutzt, mit ihren Ressourcen Schindluder getrieben, daher scheine es ihm, D., bisweilen, die Natur beobachte nun ihrerseits den sie beobachtenden Menschen und werde aggressiv, bei der verschmutzten Luft, dem verseuchten Boden, dem verunreinigten Grundwasser, den sterbenden Wäldern handle es sich um einen Streik, um eine bewußte Weigerung, die Schadstoffe unschädlich zu machen, die neuen Viren, die Erdbeben, Dürren, Überschwemmungen, Hurrikane, Vulkanausbrüche usw. Dagegen seien gezielte Abwehrmaßnahmen der beobachteten Natur gegen den, der sie beobachte, so wie sein Spiegelteleskop und die Steine, die gegen sein Haus geworfen würden, Gegenmaßnahmen gegen das Beobachtet-Werden seien.

Zur Sache:

Dies ist ein Ausschnitt aus dem 5. Kapitel von Dürrenmatts Novelle *Der Auftrag*, geschrieben fast ausschließlich in der indirekten Rede. Nun fragen Sie vielleicht: Warum lässt der Erzähler den Philosophen, dem er das Pseudonym D. gibt (es ist die Dürrenmatt-Rolle!), nicht einfach selbst in direkter Rede sprechen? Also:

„Das Ganze wäre ein Stück für einen Komödienschreiber, wenn sich dahinter nicht ein Problem verbergen würde, das mich seit langem beunruhigt. Ich besitze nämlich in meinem Haus in den Bergen ein Spiegelteleskop, ein ungefüges Ding, das ich manchmal gegen einen Felsen richte. Von dort aus werde ich hin und wieder von Leuten mit Ferngläsern selbst beobachtet. Und, stellen Sie sich vor, kaum

haben die Leute, die mich mit ihren Ferngläsern beobachten, festgestellt, daß ich sie mit meinem Spiegelteleskop auch beobachte, ziehen sie sich zurück! Das bestätigt nur meine logische Feststellung: *Zu jedem, der beobachtet wird, gehört einer, der selbst beobachtet. Und der wird dann, wenn er von dem Beobachteten beobachtet wird, selber ein Beobachteter. Eine banale logische Wechselwirkung!"*

Zunächst einmal: Die wörtliche Rede sieht anders aus. Man kann sie nicht einfach aus der indirekten Rede rückübersetzen. Und auch die direkte Rede ist nicht einfach durch Umformung in die indirekte zu übertragen. Rein formal wäre das natürlich möglich. Doch der Stil der einen ist völlig anders als der der anderen. Wörtliche Rede ist authentischer Stil des Sprechers, indirekte Rede ist Stil dessen, der über den Sprecher schreibt. So ist die wichtigste Funktion der indirekten Rede die, etwas von einem anderen Gesprochenes in den eigenen Schreibstil einzupassen. Wer redet, spricht in der Regel auch mehr als der, der das Gesagte indirekt wiedergibt. Redesprachliches geht in indirekter Rede immer verloren. Dafür kommen die Stileigentümlichkeiten des Schreibers ins Spiel. Und das sind hier vor allem die langen Satzgefüge, die die gesamte Novelle bestimmen, und die ironische Distanz zum Geschehen und zu den Figuren, die sprechen. Indirekte Rede ist distanzierend. Man sagt nicht *ich*, sondern *er*. Man lässt die Figuren nicht selbst zu Worte kommen, sondern spricht über sie auch dann, wenn sie reden. Das ist der deutlichste Unterschied.

Der formale Unterschied ist: Aus der Ich-Form im Indikativ wird die Er-Form im Konjunktiv I: *Ich habe* ⤏ *Er habe. Ich bin* ⤏ *Er sei*. Und mit den Vollverben: *Ich besitze* ⤏ *Er besitze*. In den Vergangenheitsformen etwas komplizierter: *Ich besaß/ich habe besessen* ⤏ *Er habe besessen*. Und wenn sich Indikativ und Konjunktiv gleichen, müssen die Ersatzformen des Konjunktivs II her: *Sie haben festgestellt* ⤏ *Sie hätten festgestellt. Sie ziehen sich zurück* ⤏ *Sie zögen sich zurück.* Da kommt man manchmal schon durcheinander. Auch Dürrenmatt! Wenn er z. B. aus der direkten Rede so etwas übersetzt wie *Noch nie hat der Mensch soviel von der Natur beobachtet,* dann müsste es eigentlich heißen, denn die Ersatzform ist hier gar nicht nötig: *(Er sagte), noch nie habe der Mensch ...* Doch Dürrenmatt macht es falsch (oder populär) und schreibt: *Noch nie hätte der Mensch ...* Er hat ja tatsächlich noch nie so viel beobachtet! Warum also dann Konjunktiv II? Das passiert dem großen Dichter auch an anderen Stellen, woran man erkennen kann, dass es nur wenige Menschen gibt, die den Konjunktiv I vollendet beherrschen. Man sollte es Kindern nicht verübeln!

22 Variation in indirekter Rede: Patetico

Er *sei* jedenfalls nicht bereit sich mitschuldig zu fühlen, sagte Janosch, als er mir erzählte, dass er kürzlich Wanda wieder einmal getroffen *habe*. Sie *sei* sehr ablehnend zu ihm gewesen. Dabei *habe* er ihr nur ein Kompliment machen wollen, als er ihr gesagt *habe*, dick *stehe* ihr gut. Dass sie aber daraufhin, als *sei* seine Bemerkung der Auslöser gewesen, wie eine verrückt Gewordene einen Brief in irgendeinen Briefschlitz geworfen *habe*, *sei* ihm höchst merkwürdig vorgekommen. Man *könne* doch nicht immer ahnen, was in einem anderen Menschen *vorgehe*. Man *habe* weiß Gott genug mit sich selber zu tun. Zumal sie beide nun wirklich nichts mehr miteinander *hätten*. Da *treffe* man eine alte Freundin wieder, *nähere* sich ihr behutsam, *stelle* eine einfache Frage, und sie *reagiere* dann total überzogen, so als *habe* man einen Impuls für etwas in ihr ausgelöst, das lange in ihr geschlummert *habe*. Jedenfalls mitschuldig *fühle* er sich nicht!

Ehrlich gesagt: Ich habe das Ganze überhaupt nicht verstanden. Aber so ist er, der Janosch, immer um Distanz bemüht, aber sich selbst bemitleidend! Man kann so etwas nur in indirekter Rede herausarbeiten. Jedenfalls, warum Wanda sich von ihm getrennt hat, ist mir jetzt klar.

Konjunktiv II

Bertolt Brecht **Wenn die Haifische Menschen wären**

„Wenn die Haifische Menschen wären", fragte Herrn K. die kleine Tochter seiner Wirtin, „wären sie dann netter zu den kleinen Fischen?" „Sicher", sagte er. „Wenn die Haifische Menschen wären, würden sie im Meer für die kleinen Fische gewaltige Kästen bauen lassen, mit allerhand Nahrung drin, sowohl Pflanzen als auch Tierzeug. Sie würden sorgen, daß die Kästen immer frisches Wasser hätten, und sie würden überhaupt allerhand sanitäre Maßnahmen treffen. Wenn zum Beispiel ein Fischlein sich die Flosse verletzen würde, dann würde ihm sogleich ein Verband gemacht, damit es den Haifischen nicht wegstürbe vor der Zeit. Damit die Fischlein nicht trübsinnig würden, gäbe es ab und zu große Wasserfeste; denn lustige Fischlein schmecken besser als trübsinnige. Es gäbe natürlich auch Schulen in den großen Kästen. In diesen Schulen würden die Fischlein lernen, wie man in den Rachen der Haifische schwimmt. Sie würden zum Beispiel Geographie brauchen, damit sie die großen Haifische, die faul irgendwo liegen, finden könnten. Die Hauptsache wäre natürlich die moralische Ausbildung der Fischlein. Sie würden unterrichtet werden, daß es das größte und schönste sei, wenn ein Fischlein sich freudig aufopfert, und daß sie alle an die Haifische glauben müßten, vor allem, wenn sie sagten, sie würden für eine schöne Zukunft sorgen. Man würde den Fischlein beibringen, daß diese Zukunft nur gesichert sei, wenn sie Gehorsam lernten. Vor allen niedrigen, materialistischen, egoistischen und marxistischen Neigungen müßten sich die Fischlein hüten und es sofort den Haifischen melden, wenn eines von ihnen solche Neigungen verriete. Wenn die Haifische Menschen wären, würden sie natürlich auch untereinander Kriege führen, um fremde Fischkästen und fremde Fischlein zu erobern. Die Kriege würden sie von ihren eigenen Fischlein führen lassen. Sie würden die Fischlein lehren, daß zwischen ihnen und den Fischlein der anderen Haifische ein riesiger Unterschied bestehe.

Die Fischlein, würden sie verkünden, sind bekanntlich stumm, aber sie schweigen in ganz verschiedenen Sprachen und können einander daher unmöglich verstehen. Jedem Fischlein, das im Krieg ein paar andere Fischlein, feindliche, in anderer Sprache schweigende Fischlein tötete, würden sie einen kleinen Orden aus Seetang anheften und den Titel Held verleihen. Wenn die Haifische Menschen wären, gäbe es bei ihnen natürlich auch eine Kunst. Es gäbe schöne Bilder, auf denen die Zähne der Haifische in prächtigen Farben, ihre Rachen als reine Lustgärten, in denen es sich prächtig tummeln läßt, dargestellt wären. Die Theater auf dem Meeresgrund würden zeigen, wie heldenmütige Fischlein begeistert in die Haifischrachen schwimmen, und die Musik wäre so schön, daß die Fischlein unter ihren Klängen, die Kapelle voran, träumerisch, und in allerangenehmste Gedanken eingelullt, in die Haifischrachen strömten. Auch eine Religion gäbe es ja, wenn die Haifische Menschen wären. Sie würde lehren, daß die Fischlein erst im Bauch der Haifische richtig zu leben begännen. Übrigens würde es auch aufhören, wenn die Haifische Menschen wären, daß alle Fischlein, wie es jetzt ist, gleich sind. Einige von ihnen würden Ämter bekommen und über die anderen gesetzt werden. Die ein wenig größeren dürften sogar die kleineren auffressen. Das wäre für die Haifische nur angenehm, da sie dann selber öfter größere Brocken zu fressen bekämen. Und die größern, Posten habenden Fischlein würden für die Ordnung unter den Fischlein sorgen, Lehrer, Offiziere, Ingenieure im Kastenbau usw. werden. Kurz, es gäbe überhaupt erst eine Kultur im Meer, wenn die Haifische Menschen wären.

Zur Sache:

Der Konjunktiv II kann ausdrücken, was nicht ist, was man sich aber vorstellen kann. Ist das in der Literatur nicht immer so? Natürlich! Aber der Konjunktiv gibt auch noch in besonderer Weise zu erkennen, *dass* die Vorstellungen irreal sind: *Stell dir vor, die Haifische wären Menschen!* Stellt man sich darüber hinaus die Konsequenzen einer solchen Vorstellung vor, dann wird daraus ein irrealer Konzessivsatz: *Wenn die Haifische Menschen wären, dann wären sie netter zu den kleinen Fischen.* Nach diesem syntaktischen Strickmuster ist die Geschichte des Herrn Keuner gestrickt, inhaltlich in den Variationen Zivilisation, Schule, moralische Erziehung, Kriegsführung, Kunst, Religion, Politik.

In solchen irrealen Konsekutivsätzen verwandeln sich die Hilfsverben *sein, haben, werden* in *wäre, hätte, würde.* Die Vollverben erhalten die aus dem Präteritum hergeleiteten Formen: schwach mit -e: *hielte,* stark mit Umlaut und -e: *brächte.* Die letzteren kann man auch durch würde-Formen ersetzen: *würde halten, würde bringen.*

Das literarische Kunststückchen dieses Textes besteht nun darin, dass Herr K. mit dem Irrealis ironisch auf die Realität verweist (der Zeit des Dritten Reiches), in der ja tatsächlich jene Verhältnisse herrschten, die er dem kleinen Mädchen schildert. Das Irreale hingegen formuliert er, gleichermaßen ironisch, im Indikativ: dass alle Fische, *wie es jetzt ist, gleich sind.* Kafkas *Zirkusreiterin* lässt grüßen!

Nun spricht Herr K. zugleich zu einem kleinen Mädchen (das die Ironie nicht versteht) und zu seinen Lesern (die sie verstehen). Diese doppelte Adressatenrichtung, meine ich, ist konstituierend für diesen Text. Den rund 20 Konjunktivformen mit starken und schwachen Verben wie *gäbe, tötete* stehen ebenso viele würde-Umschreibungen entgegen. Warum wählt Herr K. nicht an ihrer Stelle auch die reinen Konjunktive, die dem Text womöglich besser angestanden hätten als die stereotypen Wiederholungen mit *würde*? Ich vermute zwei Gründe: 1. wollte er sich mit weiteren Formen wie *brächte* und *träfe* nicht allzu weit von der Kindersprache des kleinen Mädchens entfernen; 2. wollte er mit *würde* so etwas wie einen Zukunftsbezug ins Spiel bringen. Das verstärkt für den verständigen Leser die Ironie: Versteht doch, so ist es schon heute! – Eine Geschichte mit mehr als einem doppelten Boden! Den hat mein Märchen *Der Liebesbrief* nicht. Er will nur zeigen, dass es so einfach mit der Herleitung der Konjunktive nicht immer ist.

Und in meiner Variation 26 habe ich die Fülle der Konjunktivformen markiert, um Sie auf den Wechsel von Alltäglichem und Exaltiertem aufmerksam zu machen. Manche kommen durchaus unauffällig daher *(fiele, sähe ...)*, andere wieder muss man schon fast konstruierend zutage fördern *(herauskröchen, einschöbe ...)*. Entscheiden Sie einmal ganz für sich, wie leicht oder schwer Ihnen die einzelnen Formen von der Hand gingen oder gehen würden, wenn Sie sie selbst sprächen, schrieben, in Ihre Rede einflöchten, und ob sie Ihnen dabei miss- oder gelingen würden oder gelängen – und dann auch: ob Sie sie in jedem Falle genießen würden oder eher genössen.

Konjunktiv II

Der Liebesbrief

Es war einmal eine Königstochter, die versprach demjenigen ihr Gemahl zu werden, der ihr den schönsten Liebesbrief schriebe. Ein armer Bauernbursch fasste sich da ein Herz und ein Wörterbuch und schrieb jeden Abend nach der anstrengenden Arbeit auf dem Felde einen Satz, manchmal auch nur einen halben, denn er war des Schreibens seit seiner Schulzeit gänzlich ungewohnt. Auch verwandte er viel Zeit für das Aufsuchen gesetzter Worte und sprachlicher Formen, denn der Brief sollte ja wirklich der schönste werden. Er wollte seinen Wünschen Flügel verleihen. Doch dazu brauchte man erstens kluge Einfälle und zweitens den Konjunktiv II. Und der war für ihn nicht immer einfach zu buchstabieren. Er klang zwar wunderschön in den Ohren, wenn man ihn vor sich hinsprach, doch dazu musste er erst einmal in all seinen Wohlklängen gebildet werden. Bald aber hatte er den Trick raus: Präteritum mit -e: *ich ging – ich ginge mit dir Pferde stehlen* oder, was viel schöner noch klang: Präteritum mit Umlaut und -e: *stahl – ich stähle mit dir Pferde.* Alle jene Formen, die sich nicht voneinander unterschieden, erschienen ihm spröde und blass, daher ließ er sie weg: *ich holte – ich holte für dich die Kastanien aus dem Feuer;* denn durch *würde,* so hatte er gelesen, müsse man in solchen Fällen den Konjunktiv ersetzen, – mit *würde* würde man aber niemals den schönsten Liebesbrief zustande bringen: *ich würde sie dir aus dem Feuer holen.* Oh nein!

Als die Prinzessin das Brieflein in Händen hielt, errötete sie das eine ums andere Mal, aber nicht deswegen, weil …, sondern vor Vergnügen über die so, so schönen Sätze. Einen schöneren Brief hatte sie bis dahin noch nicht bekommen. Sie lief sogleich zu ihrem Vater, dem König, und las ihn vor:

Liebste Prinzessin,

ach, es ist mir, als bärste mein Herz, als flöge meine junge Seele beim Schreiben geradewegs zu dir hin. Ich wöllte, du erkörest mich armen Bauernburschen zu deinem Prinzen. Doch arm oder reich, – sähest du mich, deine gewiss feurigen Augen glömmen beim Anblick, den ich dir böte. Womöglich rängest du vor Glück nach Atem, und ich schlösse dich dann in meine Arme. Dabei verspräche ich dir alles, was meine Tatkräftigkeit hergäbe: Ich stähle Pferde mit dir, ich mölke für dich tausend Kühe, ich ränge oder stäche gar alle deine Feinde nieder, söffe nur klares Wasser und fräße gewiss dir aus deiner schönen Hand. Auf meinen starken Händen trüge ich dich durch dein Schloss, sänge dir täglich ein neues Liebeslied, das ich für dich erfände. Ich wüchse über mich selbst hinaus und stärbe sogar für dich, wenn es sein müsste. Ach, wenn sich doch kein anderer als ich sich bei dir bewärbe!
Beföhlest du mich zu dir, augenblicks käme ich!

Dein Hubertus, der Bauernbursch

Der König sagte: „Der Brief ist einigermaßen zauberhaft." – „Nur einigermaßen?", fragte die Prinzessin besorgt. – „Ja, denn es heißt *wollte*, nicht *wöllte*, *stürbe* und nicht *stärbe* – und *bewürbe*, aber nicht *bewärbe*. Doch gerade das zeigt mir, dass der Mann systematischer denkt als die Sprache selbst. Und so einer ist für den Beruf des zukünftigen Königs bestens geeignet." Der Bauernbursch erhielt die Prinzessin zur Frau. Ob sie glücklich bis an ihr Ende lebten, ist nicht bezeugt.

Konjunktiv I und Konjunktiv II

Zwei alte Männer

Ohne seine Hilfe, dachte Rahn, würde es sein Kumpan Polheim niemals schaffen. Er wäre ja nicht einmal imstande, den richtigen Zug auf dem Bahnhofsfahrplan ausfindig zu machen. Und mit großer Wahrscheinlichkeit stiege er, hätte er tatsächlich mit Hilfe eines Auskunftsbeamten den richtigen Bahnsteig gefunden, in den in die Gegenrichtung fahrenden Zug ein; führe, vermutlich, ohne es zunächst zu bemerken, nach Norden anstatt nach Süden. Mit seinem Orientierungsvermögen ist es seit einiger Zeit ohnehin schlecht bestellt! Rahn stellte sich Polheims Verwirrung vor, wenn ihn der Schaffner, so zwischen Celle und Uelzen, auf seinen Irrtum aufmerksam machte; den cholerischen Zorn, den er auf den Schaffner ablüde: Er habe sich doch extra bei der Auskunft erkundigt, sei genau auf den angegebenen Bahnsteig gegangen und sei in den genau zum richtigen Zeitpunkt abfahrenden Zug gestiegen. Und jetzt komme er daher und behaupte … und so weiter. – Wahrscheinlich seien zwei Züge zu demselben Zeitpunkt vom selben Bahnsteig abgefahren, so etwas komme vor. Und vielleicht habe er sich mit der Fahrtrichtung nicht so recht ausgekannt. So etwas komme, er wolle ihm nicht zu nahe treten, bei älteren Herren ebenfalls vor. Jedenfalls sitze er im falschen Zug … und so weiter. Rahn lachte in sich hinein. Polheim bliebe nichts anderes übrig, als auf dem nächsten Bahnhof wieder auszusteigen, wahrscheinlich in Uelzen oder gar erst in Lüneburg, jedenfalls nicht in Göttingen, wohin er ja auf seine alten Tage unbedingt noch einmal fahren wollte. Um seine Tochter zu besuchen, wie er behauptete. Dabei hatte er noch nie von einer Tochter ein Sterbenswörtchen erzählt! Wahrscheinlich würde er sogar nachlösen müssen, der Geizkragen, da er außerstande wäre, sich hilflos zu stellen und Mitleid zu erregen, sondern sich, im Gegenteil, wie gewöhnlich rechthaberisch gebärdete, was den Schaffner gegen ihn aufbringen würde. Und wenn er, in Uelzen oder Lüneburg, nach erneuten umständlichen Erkundigungen, erführe, dass er zwei Stunden auf den Zug nach Hannover und dann nach Göttingen würde warten müssen … Gar nicht auszudenken! Rahn lachte in sich hinein. Nein, Polheim wäre ohne seinen, Rahns, Beistand völlig hilflos. Und es bereitete ihm einige Lust, sich diese Hilflosigkeit recht farbig auszumalen, gerade weil sein Kumpan sie ihm gegenüber niemals eingestanden hätte. Immer selbstsicher! Nie zweifelnd! Nein, Hilfe benötige er nicht, er komme noch immer sehr gut alleine zurecht! – Dabei war Polheim über vier Jahre älter als er! Man sollte ihn wirklich in die Irre gehen oder besser: fahren lassen, damit er endlich einsähe, dass … – Aber ließe der sich in seiner Sicherheit überhaupt erschüttern? Natürlich gäbe er, wenn er tatsächlich falsch gefahren sein sollte, wie immer die Schuld irgendeinem anderen. Vielleicht käme er sogar auf die absurde Idee, dass es seine, Rahns, Absicht gewesen sei, ihn durch unterlassene Hilfeleistung absichtlich in die Irre zu schicken, oder dass er, noch verrückter, mit dem Auskunftsbeamten ein abgekartetes Spiel gespielt haben könnte. Wie er seinen Polheim kannte: dem wäre alles zuzutrauen! Nur nicht, dass er sich selbst geirrt haben könnte. – Was aber, auch das wäre ja durchaus denkbar, wenn Polheim zufällig doch in den richtigen Zug stiege und Göttingen ohne Umstände erreichte? Die Chancen stünden ja immerhin fifty-fifty. Ja, was wäre dann? Jedenfalls, wie man's auch wendet, es wäre auf jeden Fall besser, man entschlösse sich, Polheim zum Bahnhof zu begleiten und ihn, auch gegen seinen Widerstand, in den richtigen Zug zu setzen.

Was dem wohl wieder im Kopf herumgehen mag?, fragte sich Polheim, als er seinen Koffer abschloss. Sicher, dass ich in den falschen Zug steigen könnte. Polheim lachte in sich hinein. Soll er mich doch in Gottes Namen zum Bahnhof bringen! Was habe ich nicht schon alles an menschenfreundlicher Passivität investiert, nur um den Alten nicht überflüssig erscheinen zu lassen!

Zur Sache:

Das ist das krause Gedankenspiel eines alten Mannes in einem Seniorenheim, der sich – die lustvolle Sorge eines Besserwissers! – ausdenkt, was seinem Mitbewohner auf dessen Reise so alles passieren könnte, wenn er ihn nicht zum Bahnhof bringen würde. Was in den Gedanken des alten Rahn abläuft, ist: Möglichkeit in die Zukunft projiziert, Vermutung und ganz offensichtlich auch Wunsch. Denn er hält sich selbst für den Überlegenen, den Unentbehrlichen, und seinen Kumpan für hilflos. Was er sich vorstellt, ist bestimmt von „vielleicht, wahrscheinlich, möglicherweise". Ist aber sein inneres Sprechen schon von Konjunktiven geprägt? Vielleicht von *würde, wäre, hätte* und *könnte,* sicherlich nicht von Konjunktiv-Verben wie *machte, gebärdete,* erst recht nicht von den umlautenden Formen wie *führe, gäbe, ablüde* usw. Die stehen dem Alten in seiner Sprache wahrscheinlich nicht einmal zur Verfügung. Der Erzähler aber benutzt sie, übertreibend und den besserwisserischen Gedankenflug ironisierend. Auch die indirekten Reden im Konjunktiv I sind allein Sache des Erzählers. Rahns Kompetenz für sie muss erst recht bezweifelt werden. Nicht viele Menschen beherrschen sie überhaupt! Rahn denkt die Reden ganz gewiss wörtlich. Doch der Erzähler baut sie in seinen Erzählstil in ihrer verkürzenden Form ein, Abstand nehmend und wiederum ironisierend. Wörtliche Reden Dritter würden aus der Gedankenrede Rahns herausplatzen. So ist es also die Sprache des Erzählers, die dieses kleine Kunststückchen fertig bringt, die Gedankenwege des Alten so nachzuzeichnen, dass sie ihre Kurven und Wirrungen kennzeichnen.

Ein Experiment, das ich manchmal mit Studierenden durchgeführt habe und das auch für Schüler geeignet ist: Man schreibe anstelle der ausformulierten Verbformen nur die Infinitive auf (*... Und mit großer Wahrscheinlichkeit [steigen] er ... in den in die Gegenrichtung fahrenden Zug ein; [fahren] ... nach Norden anstatt nach Süden ...*) und lasse dann die Leser die vermuteten Verbformen einsetzen. Wird der Indikativ gewählt? Oder die Umschreibung mit *würde*? Oder tatsächlich die Form des Konjunktivs II? Und dann lasse man den Text vorlesen und einschätzen, wie er mit ständig wiederholten würde-Formen klingt, ob auch die Infinitive das nur Vorgestellte kennzeichnen können – und was die elitären Konjunktivformen mit ihrem klangreichen Getöne leisten. Ein schönes Experiment, das auf die Funktionen des Konjunktivs II aufmerksam macht!

Konjunktiv II-Variation: Quasi una fantasia

Ich kenne doch Wanda! Nehmen wir an, sie *würde* tatsächlich diesen Brief an ihren Dozenten schreiben, der die ganze Wahrheit *enthielte.* Das allein schon *fiele* ihr schwer. Aber gut, nachdem sie es vielleicht über sich gebracht *hätte, würde* sie wohl in die Uni fahren. Wahrscheinlich *würde* sie vor Aufregung erst noch eine Zigarette rauchen, ehe sie den Brief tatsächlich in den Briefschlitz *einwürfe.* Sie *sähe* zögernd den Rauchkringeln hinterher, die sich in Luft auflösten, was dem einmal eingeworfenen Brief nicht mehr möglich *wäre.* Wenn in diesem Augenblick doch irgendjemand *käme,* der sie von ihrem Vorhaben doch noch *abhielte!* Vielleicht dieser Janosch. Der *würde* es sicher schaffen, indem er ihr wieder eines seiner schlüpfrigen Komplimente *machte. Wäre* Wanda dann noch imstande, ihren Entschluss umzusetzen? Und wenn? Am liebsten *wäre* mir (es ist ja alles möglich!), das Postfach ihres Dozenten *wäre* wieder einmal so voll, dass die Anschreiben der letzten Wochen geradezu aus dem Schlitz *herauskröchen,* weil der wieder einmal seit 14 Tagen nicht in der Uni gewesen ist. Dann *würde* der Brief gar nicht mehr hineinpassen. Aber was *wäre,* wenn sie ihn einfach unter die andere Post *schöbe?* Um Himmels Willen! Dann *könnte* ihn jeder leicht wieder herausziehen. Und wenn ihn dann womöglich irgendwer *aufschlitzte* und *läse!* Das *gäbe* eine Katastrophe! Dieser Typ von Dozent *sähe* nicht gut aus. Und Wanda *könnte* ihr Studium gleich aufgeben, *spräche* sich der Inhalt herum. Ich kann nur hoffen, dass sich Wanda alles gut überlegt hat. Ich jedenfalls *wäre* zu einem solchen Risiko niemals fähig gewesen.

Modalpartikeln

Das schmeckt aber heute gut!

Marianne war 1943 mit einem Soldaten aus dem Elsass vorübergehend bei uns einquartiert worden. Sie passte auf uns Kinder auf, während meine Mutter in einer Bäckerei arbeitete. Ich lernte die ersten Sätze in Französisch von ihr und war begeistert. Ihr bereitete es offenbar auch Vergnügen, mir solche Sätze beizubringen. Wissbegier und Lehrvergnügen sind ja ideale Partner. Und da sie ganz offensichtlich in ihren Soldaten verliebt war, lehrte sie mich von vorn bis hinten singen: Parlez moi d'amour.

Aber es war die deutsche Sprache, an der mich die Französin zu zweifeln lehrte, und zwar ganz ohne Lehrmotivation. „Nicht doch!", juchzte ich, als sie mich manchmal, wie übermütig verliebte junge Frauen es mit Kindern tun, unter den Armen kitzelte. „Nicht doch!" Daraufhin sah sie mich mit belustigtem Blick an und fragte: „Nicht oder doch?" – und kitzelte weiter. Ich war ganz durcheinander, zugegeben, wegen der Kitzelei, aber auch wegen der irritierenden Frage. *Nicht doch* hieß für mich natürlich *nicht – auf keinen Fall!* Sie aber, der Feinheiten der deutschen Sprache nicht ganz mächtig, hatte wohl gelernt, dass *nicht* das Gegenteil von *doch* ist, womit sie ja Recht hatte, und hatte mir unterstellt (Verliebte eben!), dass ich nicht sicher sei, ob mir ihre anzüglichen Nettigkeiten gefielen oder nicht. Ich war ja immerhin schon ein kleiner Mann und mir selbst nicht ganz sicher, – jedenfalls dann nicht, nachdem sie mich so gefragt hatte. Irgendwie schien mir der Widerspruch zwischen dem die Verneinung verstärkenden *doch* und dem Gegensatz zu meinem *nein* genau zu dem zu passen, was mir behagte und zugleich nicht gefiel. Die Zwiespältigkeit eben, die in jedem Kitzel selbst steckt!

Ähnlich Zwiespältiges lernte ich auch durch meine Mutter kennen: „Das schmeckt aber heute gut!" Es gehörte zu den Stereotypen dieser etwas misstrauischen Frau, daraufhin zu fragen: „Wieso ‚aber'? Dir hat es wohl gestern nicht geschmeckt!" Und solche Dialoge gehören bis heute zu den Szenen einer Ehe. Man kann gar nicht vorsichtig genug mit ihnen umgehen: „Du siehst aber gut aus!" Unversehens werden sie als das Gegenteil eines Kompliments interpretiert: „Im Gegensatz zu wem bitte?" Noch herausfordernder kann ein *vielleicht* verstanden werden: „Du hast vielleicht mit deinem Kleid Aufsehen erregt!" – „Wieso ‚vielleicht'? Das *habe* ich doch!" Das kennen Sie alle. Und da nutzt kein Wissen über den Unterschied von Modalpartikel und Adverb. Es heißt ganz einfach: vorsichtig sein!

Zur Sache:

Wir wissen alle zu unterscheiden zwischen einem die Aussage verstärkenden *doch* (der Modalpartikel) und einem den Gegensatz ausdrückenden *doch* (einem Adverb): *Schreib mir doch bitte mal! – Doch er vergaß es.* Wörter wie *aber, allerdings, also, auch, bloß, denn, doch, eben, eigentlich, einfach, einmal, etwa, halt, immerhin, ja, jedenfalls, mal, nicht, nur, ruhig, schließlich, schon, sowieso, überhaupt, vielleicht, wohl ...* nennen wir Modalpartikeln, wenn sie nicht in ihrer eigentlichen Bedeutung als Adjektive, Konjunktionen oder Adverbien gebraucht werden, sondern eine Aussage kommunikativ „abtönen" und sie auf eine bestimmte Situation beziehen. Sie können Äußerungen bekräftigen oder abschwächen, können bestätigen oder zurückweisen. Auf jeden Fall sind es kleine Wortbiester, die beim Sprechen den Hörer beißen oder küssen und beim Schreiben den Leser in den Dialog einbeziehen. Sie treten im Satz kaum hervor, sind beim Sprechen zumeist unbetont und stehen selten an der Erststelle des Satzes: *Du hast vielleicht (das kann ich dir versichern! – also Modalpartikel) mit deinem Kleid Aufsehen erregt!* – und eben nicht: *Vielleicht (es ist durchaus möglich – also Adverb) hast du mit deinem Kleid Aufsehen erregt!*

Was man beim Sprechen mit gutem Willen hören kann, das muss man dem Geschriebenen manchmal erst interpretierend entreißen. Dass dies nicht immer so ganz einfach ist, kann man selbst aus den großen Vorträgen versierter Schauspieler hin und wieder heraushören, deren Rezitierungen ja den Umweg vom Seh- zum Sprechorgan über den interpretierenden Verstand nehmen, – wenn's gut gehen soll. Der eine sagt: *Er hält den Knaben wohl in dem Arm,* der andere: *Er hält den Knaben | wohl in dem Arm.* Was der eine wie ein Füllwort aus rhythmischen Gründen in seinen Betonungen untergehen lässt, hebt der andere pausierend und betonend hervor – und gibt ihm damit einen anderen Sinn. Der zweite hat natürlich Recht, denn *wohl* heißt hier nicht *vielleicht,* sondern *gut,* und das muss man betonen, wenn man es so verstanden hat und verstehbar machen will. Auch Franz Schubert und Carl Loewe wussten von diesem Unterschied – oder wussten es nicht. In seiner Vertonung des *Erlkönigs* legt

Schubert das *wohl* auf einen Taktanfang und betont es damit, Loewe dagegen lässt es im rhythmischen Gefüge untergehen und behandelt es stiefmütterlich wie eine Modalpartikel. Kompositorische Sprachklugheit gegen kompositorische Arglosigkeit!

Modalwörter-Variation: Con modo

Das kennen Sie *ja* schon: Wanda steht vor den Postfächern der Universität. Und nun schauen Sie *einmal*, was *so* ihre Gedanken sind!

Soll ich den Brief *etwa* einwerfen? Ich bin mir *einfach* nicht sicher. Warte ich *halt* noch ein bisschen! *Vielleicht* zünde ich mir *einfach* erst *mal* eine Zigarette an.
Ja, und dann kommt Janosch, ein ehemaliger Freund daher.
„Du rauchst *doch nicht* wieder?"
„Du siehst es *ja*."
„Was ist *denn* in dich gefahren? Du hattest doch mit dem Rauchen aufgehört."
„Ich bin *eben* zu dick geworden."
„Du könntest *ruhig* etwas mehr Fett vertragen. Dick steht dir *schließlich* gut."
Das ist *schon* ein Kreuz mit diesem Typen! Man sollte ihn *einfach* nicht beachten! *Bloß* weg hier! Aber vorher will ich den Brief *denn* doch noch einwerfen! Was der Alte *wohl* denkt, wenn er ihn liest?

Na, sehen Sie, liebe Leserinnen und Leser: Die Begegnung hatte *immerhin* doch noch etwas Gutes. Oder denken Sie *wohl* anders darüber? Übrigens: Ist Ihnen *eigentlich* aufgefallen, dass diese Variation *con modo* lautet – und nicht *con moto*? *Etwa* nicht? *Na*, Sie sind mir *ja* aufmerksame Leser!

Nebensätze

Franz Kafka **Der plötzliche Spaziergang**

Wenn man sich am Abend endgültig entschlossen zu haben scheint, zu Hause zu bleiben, den Hausrock angezogen hat, nach dem Nachtmahl beim beleuchteten Tische sitzt und jene Arbeit oder jenes Spiel vorgenommen hat, nach dessen Beendigung man gewohnheitsgemäß schlafen geht, wenn draußen ein unfreundliches Wetter ist, welches das Zuhausebleiben selbstverständlich macht, wenn man jetzt auch schon so lange bei Tisch still gehalten hat, dass das Weggehen allgemeines Erstaunen hervorrufen müsste, wenn nun auch schon das Treppenhaus dunkel und das Haustor gesperrt ist, und wenn man nun trotz alledem in einem plötzlichen Unbehagen aufsteht, den Rock wechselt, sofort straßenmäßig angezogen erscheint, weggehen zu müssen erklärt, es nach kurzem Abschied auch tut, je nach der Schnelligkeit, mit der man die Wohnungstür zuschlägt, mehr oder weniger Ärger zu hinterlassen glaubt, wenn man sich auf der Gasse wiederfindet, mit Gliedern, die diese schon unerwartete Freiheit, die man ihnen verschafft hat, mit besonderer Beweglichkeit beantworten, wenn man durch diesen einen Entschluss alle Entschlussfähigkeit in sich gesammelt fühlt, wenn man mit größerer als der gewöhnlichen Bedeutung erkennt, dass man ja mehr Kraft als Bedürfnis hat, die schnellste Veränderung leicht zu bewirken und zu ertragen, und wenn man so die langen Gassen hinläuft, – dann ist man für diesen Abend gänzlich aus seiner Familie ausgetreten, die ins Wesenlose abschwenkt, während man selbst, ganz fest, schwarz vor Umrissenheit, hinten die Schenkel schlagend, sich zu seiner wahren Gestalt erhebt. Verstärkt wird alles noch, wenn man zu dieser späten Abendzeit einen Freund aufsucht, um nachzusehen, wie es ihm geht.

Zur Sache:

Sieht so, liebe Leserinnen und Leser, *ein plötzlicher Spaziergang* aus? Schon der erste Satz lässt uns stutzen, denn da sagt einer: *Wenn man sich ... entschlossen zu haben scheint ...* Vorüberlegungen zu einem Spaziergang offenbar nur! Da lässt der große Ironiker Kafka jemanden, der *aus der Familie austreten* möchte, ein gedankliches Gebirge von Bedingungssätzen auftürmen, einen steilen, steinigen Weg nicht etwa *spazieren,* sondern durch das Geröll der Nebensätze mühsam bergauf kraxeln, bis er endlich oben steht und Ausblick gewinnt über seine *Familie* und auf sie zurücksehen kann! Und haben wir eigentlich nach dieser anstrengenden Kletterei durch die Nebensätze diesen Hauptsatz erwartet – oder nicht doch etwas, das spektakulärer wäre? Spätestens nach dem dritten wenn-Satz möchte man dem Jungen zurufen: Tu es doch endlich, damit wir wissen, was dann passiert! Aber wem sollten wir es zurufen, wenn sich da einer verallgemeinernd hinter einem *man* versteckt? Am Ende haben wir etwas erfahren von der großen psychischen Anstrengung eines jungen Menschen, der sich emanzipieren möchte – und sich doch wohl eher in die Kammer seines Elternhauses zurückzieht und darüber sinniert, wie er das anstellen könnte.

17 konditionale Nebensätze, neun davon mit explizitem wenn, acht noch einmal mit einem mitgedachten: *... wenn nun auch schon das Treppenhaus dunkel ... ist (und wenn man) den Rock wechselt, (wenn man) sofort straßenmäßig angezogen erscheint, (und wenn man) weggehen zu müssen erklärt ...* Unter der Bedingung, dass man das alles tun würde oder will, tritt dann dies eine ein: *... dann ist man für diesen Abend gänzlich aus seiner Familie ausgetreten ...* Ein überanstrengtes Gedankenspiel mit Vorstellungen und Bedingungen, unter denen sich dies ereignen könnte! Das Ganze könnte auch im Konjunktiv II stehen: *Entschlösse man sich ... liefe man so die langen Gassen entlang ..., dann wäre man ausgetreten ...* Dann gäbe sich das Ganze als Wunschvorstellung ehrlicher zu erkennen. Aber in seinen Vorstellungen wählt der junge Mann lieber Konditionalsätze, die dem Anspruch auf Faktizität etwas näher kommen, ohne dass er allerdings tatsächlich tut, was er sich vorstellt. Ein Text über die fast unüber-

windliche Schwierigkeit, sich von den Eltern zu lösen. Gedanklich allerdings ist der, über den hier geschrieben wird, schon weit weg von seiner Familie. Aber wird er jemals diesen *Entschluss* tatsächlich fassen oder *alle Entschlussfähigkeit* auch fürderhin nur *in sich gesammelt fühlen?*

Eine ungeheure Spannung liegt über dem Text. Es ist die Spannung, die durch vorausgestellte Nebensätze aufgebaut werden kann, die den Leser lange auf den Hauptsatz, von dem er sich die Lösung erhofft, warten lassen. Wenn die Spannung gelöst ist, stellt der Erzähler den letzten Bedingungssatz dann nicht mehr dem Hauptsatz voran, sondern fügt ihn folgerichtig an: den einzigen Bedingungssatz, welcher der Situation außerhalb der Familie gewidmet ist: *Verstärkt wird das alles noch, wenn man ... einen Freund aufsucht ...* Doch ob es diesen Freund überhaupt gibt?

Man muss sich den Textverlauf nur einmal mit vorausgestelltem Hauptsatz vorstellen, um die Wirkung des Originals richtig einschätzen zu können: *Aus der Familie für einen Abend lang gänzlich ausgetreten ist man, wenn man ... alles dies täte.* Das wäre kein mühsamer Aufstieg mehr zum Gipfel der Freiheit, sondern ein langes Stolpern bergab. Immer sind es die vorausgestellten Nebensätze, die Erwartungen aufbauen; nachgestellte können zumeist nur erläutern, präzisieren, begründen, wie dies bei Kafka die letzten nachgestellten Nebensätze auch tun. Es gibt nur wenige Stücke kurzer Literatur, die dies auf so eindrucksvoll ironische Weise zeigen.

Variation mit Nebensätzen:
Coda mit hinausgezögertem Schlussakkord

Wenn man Studentin ist und sich <u>entschlossen hat</u>, einem Dozenten einen Brief zu <u>schreiben</u>, *den* man ihm auch, *weil* es sich um eine lebenswichtige Angelegenheit <u>handelt</u>, tatsächlich <u>zukommen lassen möchte</u>, *wenn* man dann in die Uni <u>geht</u>, um den Brief <u>einzuwerfen</u>, *obwohl* man von einem Studenten, *den* man einst zwar <u>geliebt</u>, *dann* aber wohlweislich wieder <u>vergessen hat</u>, vorübergehend in ein Gespräch <u>gezogen wird</u>, *das* mit diesem Brief nichts <u>zu tun hat</u>, *sondern* sich nur auf das Rauchen einer Zigarette, *die* man sich soeben <u>angezündet hat</u>, und auf die Gefahr <u>bezieht</u>, *dass* man sich, *wenn* man das Rauchen <u>aufgibt</u>, zugleich der Gefahr *aussetzt*, an Gewicht <u>zuzunehmen</u>, *wenn* einen dann gar Weltschmerz <u>überkommt</u>, *weil* man <u>erfährt</u>, *dass* einem ein molliges Aussehen, *das* man sich mit dem Rauchen soeben wieder abzutrainieren <u>vorgenommen hat</u>, gut <u>stehe</u>, – *dann sollte man diesen Brief möglichst schnell in das Postfach des Dozenten werfen.*

31

Passiv und Passiv-Varianten

Peter Weiss **Fluchtpunkt**

(…) Es war noch dunkel, als wir, vom Vormann geführt, den Weg zum Arbeitsplatz antraten. Über meinem Rücken hing die Bogensäge, im Gürtel steckte die Axt, in den Händen trug ich den Fuchsschwanz, die Schaufel und das Kerbeisen. Hintereinander stampften wir durch den hohen Schnee. Die Sägeblätter hakten sich an den Kleidern fest. Der Schnee drang in die Stiefel ein. Manchmal gab der Boden unter mir nach und ich sackte bis zur Brust in den Schnee. Beim Hervorkriechen geriet die Axt zwischen meine Beine und die Bogensäge rutschte über die Arme herab. Wir wühlten uns bergauf. Die Kleider waren von Schnee und Eis verkrustet. Über den Körper floss der Schweiß. Als wir die Anhöhe erreicht hatten, begann der Morgen zu grauen. Am Waldrand wurden die Arbeitsreviere, deren Grenzen an Kerben in den Stämmen kenntlich waren, verlost. Aus den Büschen am Abhang hatte jeder sich einen drei Meter langen Zweig zu schneiden, nach dessen Maß die gefällten Stämme zu zersägen waren. Der Vormann zeigte mir, wie ich die Säge am Baum anzusetzen hatte. Er schaufelte den Schnee zur Seite, ließ sich aufs Knie nieder und führte die Säge mit gleichmäßigen, mühelosen Bewegungen hin und her. (…) Als der Stamm zur Hälfte angesägt war, erfuhr ich den Sinn des kleinen Eisenkeils, den man uns gegeben hatte, und der an einer Schnur wie ein Amulett um meinen Hals hing. Der Keil wurde mit einem Axthieb in den Spalt getrieben und verhinderte, dass die Säge vom Gewicht des Baumes festgeklemmt wurde. Der Vormann erklärte mir, wie der gefällte Baum abzuholzen sei, erinnerte mich daran, dass ich darauf zu achten hatte, dass sich das Sägeblatt nicht bog, und ließ mich allein. Die übrigen Arbeiter hatten sich weithin über den Waldrand verteilt. Sie waren im verschneiten Gehölz nicht zu sehen, nur das Schaben ihrer Sägen war zu hören, auch das erste Aufschlagen eines gefällten Stammes. Schneeflocken fielen weich und leise klingelnd. Bald

musste ich beide Hände benutzen, um die Säge hin und her zu treiben. Ständig wollte sich das Sägeblatt abbiegen. Als es im Holz festsaß, schlug ich den Keil tiefer ein. Mit Hilfe des angestemmten Fußes und unter Anspannung aller Muskeln gelang es mir, das Blatt zu lockern, doch nach einiger Zeit war es wieder festgefahren und der Keil musste weiter in den Spalt getrieben werden. Ein stöhnender Laut drang plötzlich aus dem Stamm, als wäre eine Sehne gerissen, und ein Zittern war im Holz zu vernehmen. Halb liegend ließ ich die Säge rasend hin- und herfahren, der Schweiß strömte aus allen Poren, das Blut hämmerte in den Schläfen und ich fauchte zum Takt der Armbewegungen. Es krachte im Baum und ich sah, dass der Spalt sich erweiterte. Ich blieb liegen und sägte weiter, während der Stamm sich langsam neigte und am Fuß zerbarst und in einer Wolke von Schnee herabkam. Dröhnend schlug er auf, das Geäst bohrte sich tief in den Schnee. (…) Der zerfledderte Stumpf, dieses Schandbild des Laien, musste glatt gesägt werden. Die tief eingerissenen Kerben am Stamm drohten mit Lohnabzug. Ich hatte unversehrte Stämme zu liefern, für Kleinholz sorgten andere. Das Entzweigen des Stammes wurde teils mit der Axt, teils mit der Säge ausgeführt. Um an die Ansätze der Äste heranzukommen, musste ich auf den Stamm klettern. Ich versuchte, breitbeinig auf der glatten Rinde Fuß zu fassen und holte mit der Axt zum Schlag aus. Ich verfehlte das Ziel und der Schwung der Axt riss mich vom Stamm herunter. Das Gezweig hatte die Fähigkeit, mich festzuhalten und mich mit scharfen Spitzen anzugreifen. Schnee drang durch Ärmel und Kragen in das Hemd. Die Versuche des Entholzens wurden weitergeführt. Ich kletterte auf den Stamm, rutschte ab, kletterte wieder hinauf. Die Schneide der Axt blieb im Astansatz stecken, musste losgerüttelt werden. (…) Allmählich gelang es mir, die Äste vom Stamm zu entfernen, und das grüne Gezweig lag zu den Seiten des Stammes ausgebreitet, mit harzigem Geruch. Nach zahlreichen Stürzen, nach Schlägen in die Luft und nach ein paar Schlägen, die tief in die Sohle meiner Stiefel drangen, lehnte ich ermattet am bloßgelegten Stamm.

Zur Sache:

Bei diesem Textausschnitt von Peter Weiss handelt es sich um eine Episode aus seinem Roman *Fluchtpunkt* (1962). Er beschreibt darin die großen Anstrengungen der Arbeit von Holzfällern: Wie sehr die Arbeiter den Unbilden des Wetters, den strikten Anweisungen der Vorarbeiter und den Gesetzen der Arbeitsvorgänge ausgeliefert sind. Wer sein Handwerk nicht vollendet beherrscht, wie der Erzähler, dem treten das Handwerkszeug und die zu bearbeitenden Gegenstände selbstmächtig entgegen, behindern seine Tätigkeiten, lassen ihm die Mühsal des Holzfällens unüberwindbar erscheinen. Das erzählende Ich ist einer Vielzahl von Einwirkungen von außen ausgesetzt: den Widrigkeiten des Wetters, den Anweisungen der Vorgesetzten, den geltenden Arbeitsregelungen, den Arbeitsutensilien und Objekten, die sich dem ungeübten Arbeiter tückisch und widerspenstig entgegenstellen und seine Handlungen aufs Äußerste beeinträchtigen.

Der Schriftsteller gibt das alles dementsprechend in einer Sprache wieder, in der das Ausgeliefertsein bis in die Syntax hinein erkennbar wird. Es ist eine Sprache, die Assoziationen herstellt zu Texten, die Gesetze und Anweisungen vermitteln, denen sich das ausgelieferte Ich nicht entziehen kann. Der gesamte Textausschnitt ist von Sätzen bestimmt, die im Einzelnen folgende Strukturen haben:

- Konstruktionen im Vorgangspassiv (Werden-Passiv), die den Handelnden unausgesprochen lassen und zugleich das Handeln selbst, den Arbeitsprozess, als etwas sich Verselbstständigendes in den Mittelpunkt der Aufmerksamkeit stellen: *Der Keil wurde mit einem Axthieb in den Spalt getrieben,* statt: *Ich trieb den Keil mit einem Axthieb in den Spalt.*
- Konstruktionen im Zustandspassiv (Sein-Passiv), die ebenfalls den Handelnden aussparen und den Fokus auf das Handeln selbst richten: *Als der Stamm zur Hälfte angesägt war,* statt: *Als ich den Stamm zur Hälfte angesägt hatte.*
- Konstruktionen mit dem Modalverb *müssen,* die das Zwanghafte der Arbeit charakterisieren, insbesondere dann, wenn sie zusätzlich

im Passiv verwendet werden: *Der zerfledderte Stumpf musste glatt gesägt werden werden,* statt: *Ich sägte den zerfledderten Stumpf glatt.*

– Konstruktionen mit *haben + zu,* die sich auf das Täter-Subjekt richten: *... wie ich die Säge anzusetzen hatte,* statt: *wie man die Säge ansetzt.*

– Konstruktionen mit *sein* + Infinitiv mit *zu,* die den Täter aus dem Spiel lassen und seine Unterordnung unter die Gesetze des Handelns besonders drastisch hervorheben: *nach dessen Maß die gefällten Stämme zu zersägen waren,* statt: *nach dessen Maß ich die gefällten Stämme zersägte.*

– Reflexivkonstruktionen, durch welche sich die Gegenstände wie etwas Selbstmächtiges darstellen: *Ständig wollte sich das Sägeblatt abbiegen,* statt: *Ständig war ich in Gefahr, das Sägeblatt zu verbiegen.*

– Personifizierung von Gegenständen, die, in Subjektstellung zumal, evozieren, dass von ihnen Zwang und Bedrohung ausgeht oder dass das Ich in fast unerträglicher Spannung steht zu diesen Gegenständen, auf die es einwirkt: *Die Kerben des Stammes drohten mit Lohnabzug,* statt: *Ich hatte wegen der Kerben Lohnabzug zu erwarten.*

Die gesamte Episode, die etwas inhaltlich Zwanghaftes darstellt, ist also grammatisch-stilistisch so gestaltet, dass dieses Zwanghafte auch durch die Sprache selbst zum Ausdruck kommt. Es gibt wohl nur wenige Stellen in der Literatur, die auf engstem Raum so vom Passiv und von Varianten des Passivs geprägt sind – und in denen deren semantische Funktionen so überzeugend Gestalt geworden sind. Welch eine Beziehung von Inhalt und Form in einem kleinen Stück Prosa! Und kein Zweifel: Die Wirkungen auf den Leser sind davon mitbestimmt.

Passiv

32

Da werden Sie geholfen

Wenn man berühmt werden will, ist man auf viele andere Menschen angewiesen, die einen auf dem steinigen Weg zum Ruhm unterstützen, sei es mit Nachhilfestunden, mit Geld, guten Worten oder Beziehungen. So ein Helfer, zu dem ein womöglich auf halbem Wege zum Ruhm stehen gebliebenes Menschenkind kommt, wird dann vielleicht mit aufmunternden Worten schon einmal sagen: „Ich bin für Sie da, Sie können sich darauf verlassen!" Und wenn sich dasselbe Menschenkind dieses Helfers in einer Stunde erinnert, in der es über den eigenen Weg zum Ruhm talkt, wird es ganz gewiss auch schon mal den Satz fallen lassen: „Es gab immer wieder Menschen, die gesagt haben: Da helfe ich Ihnen!"

Nicht so Verona Pooth, geborene Feldbusch. Nicht, dass sie undankbar wäre oder sich weniger an einen Helfer erinnert hätte. Nein! Sie hat es nur anders gesagt: „Da werden Sie geholfen." Der erste Unterschied zwischen den beiden Sätzen ist, dass der eine in einer Grammatik stehen, der andere aus dem Munde eines Menschen kommen kann; der zweite: dass in dem einen ein anderes Ich vorkommt als das eigene – und in dem anderen überhaupt keins. Der dritte: dass in dem einen Satz vom aktiven Helfen die Rede ist, im anderen aber vom passiven Geholfenwerden. Diese drei Tatsachen sprechen alle für den Feldbuschsatz; denn die Frau wollte reden und nicht erst in der Grammatik nachgucken; sie wollte dankbar über den Vorgang des Geholfenwerdens sprechen und über sonst nichts; und sie wollte sagen, dass ihr immer wieder Hilfe zuteil wurde und nicht, dass es da einen Helfer gab, den sie womöglich hätte nennen müssen. Man kann sich als deutscher Bildungsbürger, der es besser weiß, über den Satz der Feldbusch mokieren; man sollte aber dabei nicht übersehen, dass sie die Wirkungen ihres Passivsatzes sehr sensibel eingeschätzt hatte: Aussparung des Helfersubjekts, dankbares Betroffensein von der Hilfe

– und nicht zuletzt Ausdruck der Naivität ihres Wesens und Spontaneität der Talk-Sprache. Womöglich war sogar der grammatische Fehler ein Teil ihrer Rechnung, die ja tatsächlich aufging; denn dieser Satz hat als Satz des Jahres sich gleichermaßen in das Gedächtnis von Millionen von Menschen eingegraben wie der des Trapatoni: „Ich habe fertig!" Und das will schon was heißen.

Ich stelle mir vor, die Feldbusch hätte in derselben Talkshow darüber gesprochen, dass sie nach der zuteil gewordenen Hilfe von ihrem Helfer verlassen worden sei, dann hätte sie womöglich gesagt: „Ich wurde geholfen, dann aber verlassen." Da verbietet sich doch einem Talkmaster angesichts derart spektakulärer Bekenntnisse die Nachfrage: Von wem? Ob von diesem oder jenem Geliebten oder von allen guten Geistern. Nein, nein, das war schon sehr gut formuliert!

Zur Sache:

Aktivsätze sind in der Regel so gebaut, dass von einem Agens (Täter, Verursacher), das die Subjektstelle einnimmt, etwas ausgeht, das sich auf ein Patiens (einen Betroffenen) richtet, das die Objektstelle einnimmt: *X unterstützt ⟶ Verona*. In Passivsätzen steht an der Subjektstelle der Betroffene: *Verona ⟵ wird von X unterstützt*. Die Handlungsrichtung ist also umgekehrt. Gebildet wird das Passiv mit dem Hilfsverb *werden* und dem *Partizip II*.

Doch nicht genug: Das Agens kann, was im Aktiv nicht möglich ist, weggelassen werden und ganz und gar aus dem sprachlichen Spiel bleiben: *Verona wird unterstützt*. Dieses Weglassen des Täters kann die unterschiedlichsten Gründe haben: weil der Täter so selbstverständlich ist, dass man ihn nicht benennen muss *(Der Verkehr wird umgeleitet)*; weil er unbekannt ist *(Schaufenster wurde ausgeraubt)*; weil er verschwiegen werden soll *(Ich, Verona, wurde unterstützt)*; weil er gleichgültig ist usw. Kommt hinzu, dass man mit der Auslassung des „Täters" die Aufmerksamkeit des Lesers oder Hörers auf die „Tat" selbst richtet und diese auch durch die Endstellung des Verbs besonders betonen kann *(Ich wurde immer wieder mal unterstützt)*.

Diese „Umkehrung" der Verhältnisse von Aktiv und Passiv funktioniert bei den Verben mit einem Akkusativ-Objekt vorzüglich, bei denen mit einem Dativ-Objekt aber nicht, wie Verona Feldbusch bewiesen hat. Bei denen wird nämlich aus dem Objekt kein Subjekt, sondern Objekt bleibt hier Objekt: *X bot ihr Hilfe an. Ihr ⟵ wurde Hilfe angeboten.* Um auf ein Subjekt nicht verzichten zu müssen, kann man mit einer Reihe von Verben das so genannte „bekommen-Passiv" bilden: *Ich, Verona, bekam Hilfe angeboten.* Das ist deswegen möglich, weil die Verben *kriegen* und *bekommen* formal transitiv sind, also ein Akkusativ-Objekt nach sich ziehen und sich semantisch auf das Subjekt richten.

Meine Variation zieht das ganze Register der semantischen Verkürzungen eines Textes um den Täter: Täterverschweigung eben!

Passiv-Variation: Diminution

Die Studentin Wanda *war motiviert* oder *genötigt worden* (von wem oder wodurch verschweigt das Passiv), einem ihrer Dozenten eine Mitteilung zukommen zu lassen. Er musste einfach *benachrichtigt werden*! Es musste ihm endlich *gesagt werden*! Es *war* nicht mehr *zu verschweigen*! Doch das Brieflein, das von Wanda *geschrieben worden war,* wollte zunächst partout nicht in den Briefkasten *eingeworfen werden*. Es ahnte wohl, dass seine Schreiberin von Skrupeln *erfasst worden war. Geraucht werden* wollte hingegen eine Gauloise, denn dadurch konnte erst einmal eine Zeit der Besinnung *gewonnen werden*.

Musste ausgerechnet in diesem Augenblick die Begegnung mit einem ehemaligen Freund, diesem Janosch, *ertragen werden,* der doch fast schon *vergessen* und von ihr, der Uni und allen guten Geistern *verlassen worden war*? Nein! Sein Angriff *gehörte abgeschmettert*. Sein Kompliment *wurde* nicht zur Kenntnis *genommen*. Er *bekam* nichts *geschenkt*. Stattdessen *wurde* wieder Mut *gefasst*: Der Brief *wurde eingeworfen*. Es *war* nicht anders *zu machen*!

Präpositionen

Theodor Fontane **Lindow**
(aus: Wanderungen durch die Mark Brandenburg)

Lindow ist so reizend wie sein Name. Zwischen drei Seen wächst es auf, und alte Linden nehmen es unter ihren Schatten.

Seine Vorgeschichte versagt; alles Archivalische ward ein Raub der Flammen, und nur mit hoher Wahrscheinlichkeit ist anzunehmen, dass das Kloster eher da war als die Stadt. Kloster Lindow wurde gegen Ende des zwölften oder Anfang des dreizehnten Jahrhunderts von dem Grafen Gebhardt von Ruppin und Lindow als ein Prämonstratenser-Nonnenkloster gegründet und empfing zu Ehren des Stammhauses der Familie (Lindow im Anhaltischen) seinen Namen.

Die Stadt entstand aus Ansiedlungen; Handwerker und Ackersleute kamen, die den Schutz des Klosters suchten. Und diese Beziehungen blieben durch alle Jahrhunderte hin und überdauerten den Bestand des Klosters bis in unsere Tage hinein. 1754 wurde dem lutherischen Rektor sein Gehalt ansehnlich erhöhet, „weil er zu seinen geringen Einkünften nur einen freien Tisch auf dem Klosterhofe habe", und noch 1748 schenkte die Konventualin Anna Juliane von der Kettenburg 100 Taler an die Stadt mit dem Bedingnis, „dass von den Zinsen dieser Summe das Schulgeld für arme Kinder bezahlt werde". Welchen beiden Notizen wir, außer dem Fortbestande guter Beziehungen zwischen dem Kloster und dem städtischen Gemeinwesen, auch gleichzeitig entnehmen können, dass man finanziell in Stadt Lindow nicht auf Rosen gebettet war.

Auch im Kloster war man es, allen Guttaten unerachtet, nicht mehr, seit im Jahre 1542 die Säkularisation und die Umwandlung der Klostergüter in kurfürstliche Domänen begonnen hatten. Zwanzig Jahre vorher, beim Erlöschen des Gräflichen Hauses Ruppin, hatte das Kloster auf seiner Höhe gestanden. Es war damals eines der reichsten Stifte in der Mark und besaß außer der

Stadt Lindow achtzehn Dörfer, zwanzig wüst liegende Feldmarken, neun Wassermühlen und alle die Seen, die teils innerhalb des großen Menzer Forstes, teils an dessen Rande gelegen sind, darunter auch den Großen Stechlin. Die Gesamtbodenfläche, die damals dem Jungfrauenkloster zugehörte, darf man auf vier Quadratmeilen schätzen, reichte mithin vollkommen aus, um fünfunddreißig Nonnen, einer Äbtissin und einem Propst ein einigermaßen gemächliches Leben zu sichern. Man kann dies zugeben, aber es den Bevorzugten auch neidlos gönnen, und zwar um so lieber und leichter, als ihr Glück, von jenem Kulminationspunkt an gerechnet, nur noch von kürzester Dauer war. Es ging galoppierend zu Ende. Wohl war am heiligen Dreikönigstage 1530 den Lindowschen Nonnen ihr Besitz zu „ewigem Eigentum" aufs Neu bestätigt worden, aber eh noch die Mitte des Jahrhunderts heran war, war die Säkularisation bereits ausgesprochen und das „ewige Eigentum" verflogen. Aus dem Kloster Lindow wurde nunmehr ein „Fräuleinstift zu Lindow", und an die Stelle der Äbtissin und ihrer fünfunddreißig Nonnen trat eine Domina mit vier Fräuleins; das Gesamteinkommen aber sank allmählich auf tausend Taler und das Grundeigentum von vier Quadratmeilen auf hundert Morgen.

Unser Weg führt uns von Alt-Ruppin auf Lindow zu. Die nur durch ihre Lage reizende Stadt kann uns durch ihre Straßen und Plätze nicht fesseln, aber jenseits, wo sich die Schmalung zwischen dem Gudelack- und dem Wutzsee wieder zu weiten beginnt, werden wir, nach rechts hin, eines Konglomerates von Häusern und Ruinen ansichtig, um welches sich eine niedrige Steinumwallung, die Einfriedung von Kloster Lindow, zieht. Wir lassen halten, überklettern die gerad an dieser Stelle weder Tür noch Pforte zeigende Mauer und befinden uns auf einer von prächtigen alten Bäumen überragten Parkwiese, die, den verschiedensten Bestimmungen dienend, all ihre Verschiedenheiten wieder in eine höhere Einheit zusammenfasst.

Die schönsten Teile dieser Parkwiese sind die, wo begraben wird. Von dem richtigen Gefühl ausgehend, dass Leben und Tod

Geschwister sind, die sich nicht ängstlich meiden sollen, hat man hier die Spiel- und Begräbnisplätze dicht nebeneinander gelegt, und dieselben Blumen blühen über beide hin. Aber der Tod, so gemütlich er mit den Lebenden zu leben weiß, hat doch innerhalb seiner eignen Gebiete nicht ganz auf Scheidungen und Standesunterschiede verzichtet, die nun Zeugnis ablegen sollen, dass wir uns hier auf dem Grund und Boden eines adligen Fräuleinstiftes befinden. Im Leben „leben und leben lassen", aber im Tod – Rangordnung! So begegnet man Steinen und Grabkreuzen an drei verschiedenen Punkten des Parkes, und während die Dienstleute samt den Beamten an einer, die Gäste des Klosters an einer andern Stelle ruhn, ist den Stiftsdamen eine dritte Stelle vorbehalten geblieben. In zwei Reihen, zu beiden Seiten einer alten Rüsterallee, liegen sie hier in hoch aufgemauerten Gräbern, von denen übrigens keines über den Anfang des achtzehnten Jahrhunderts zurückreicht. In deutlichen Buchstaben sprach nur noch das Grab der letztverstorbenen Domina zu mir, stattlicher aber war ein älterer Stein, unter dem (wenn ich das Wappen richtig erkannt) eine von Pannewitz ihren letzten Schlummer schlief.

Auf dieses Epitaphium, das einen guten Überblick versprach, stieg ich hinauf und übersah nun, ein paar Zweige zurückbiegend, die ganze Klosteranlage: nach links hin der von Lindengängen eingefasste See, zwischen uns und ihm ein buntes Durcheinander von Blumen- und Gemüsegärten und, mitten hineingestellt in diese, das villenartige Haus der Domina, dicht grenzend mit einem in Trümmern liegenden Langbau, der sehr wahrscheinlich einst das Refektorium des alten Klosters ausmachte. Jetzt ist es Wirtschaftshof, Eis- und Vorratskeller der drei, vier Damen, die hier ihre Tage leben und beschließen, und jeder Zauber wäre dieser Verfallstätte längst abgestreift, wenn nicht die hohen, stehen gebliebenen Giebelwände wären, mit ihren gotischen Nischen und Fenstern und ihrem Storchennest darauf.

Eine Viertelstunde lang hielt ich Umschau von dem Pannewitz-Grabstein aus; dann, auf einem Schlängelpfade den See gewinnend, schritt ich langsam einen Ufer- und Lindengang hinunter, bis ich mich unerwartet und plötzlich fast inmitten einer völlig veränderten Szenerie sah. Beete mit eingemusterten Blumen lagen wie Teppiche vor mir ausgebreitet, aus dem Mittelrondell stiegen Büsche von Ricinus und Canna indica auf, Wein und Pfirsich lachten am Spalier, und abwechselnd liefen Lauben von Geißblatt und Pfeifenkraut an der einen Seite des Gartens hin, während an der anderen ein Drahtzaun, leicht wie ein ausgespanntes Fischernetz, die Anlage schloss. War dies noch Klostergrund? Nein. Aus mittelalterlichen Überbleibseln heraus war ich in eine modern-bürgerliche Welt eingetreten, und ein reicher, in Anlagen und Gartenkunst erprobter „Proprietaire" stickte hier mit eigner Hand diese Blumenmuster in den Rasenteppich und gefiel sich darin, in richtiger Benutzung des Erworbenen, auch dem „was wohltut und gefällig ist", zu dienen.

Ein Reichtum, der zur Pflege des Schönen führt, erfreut immer wieder mein Herz und tat es auch hier. Aber beinah wohltuender noch berührte mich die Wahrnehmung, dass das Fehlen einer Grenz- und Scheidelinie zwischen Klostergrund und Gartenanlage wenigstens an dieser Stelle kein bloßer Zufall war. Diese Scheidelinie fehlte, weil der Trennungsstrich auch in den Herzen nicht vorhanden ist und der Besitzer des Gartens Frieden und Freundschaft hält mit den Klosterfrauen von drüben.

Zur Sache:

Keine Ortsbeschreibung ohne Präpositionen: *von Alt-Ruppin auf Lindow zu; zwischen dem Gudelack- und dem Wutzsee; innerhalb seiner eignen Gebiete; an einer Stelle ... usw.* Ursprünglich war es vornehmlich Sache der Präpositionen, die Beziehungen (Verhältnisse) zwischen Orten herzustellen. Die räumlichen Verhältnisse entnehmen wir unmittelbar der Anschauung der Wirklichkeit, in der die Dinge so oder so zueinander stehen. Es sind diese sichtbaren Verhältnisse, die wir mit Präpositionen sprachlich abbilden. Viele Präpositionen, die später zur Herstellung gedanklicher, also zeitlicher oder kausaler Beziehungen verwendet werden, gehen auf die alten Ortsverhältniswörter zurück: *vor dem Haus* ···➔ *vor einiger Zeit, zwischen den Bäumen* ···➔ *zwischen Weihnachten und Neujahr, durch den Tunnel* ···➔ *durch Unachtsamkeit* ... Und manchen sind die ursprünglich örtlichen Hinweise noch an ihrem Leibe anzusehen: *anstelle, außer, entgegen, wegen* ... Ungefähr zwei Dutzend von Präpositionen kommen in fast jedem längeren Text vor; in Fontanes Ortsbeschreibung *Wanderungen durch die Mark Brandenburg* sind es insgesamt 94, darunter 23 verschiedene: von *an* (oder *am* mit dem eingefügten Artikel), über *auf, aus, in, mit, nach, über, von, zu* bis *zwischen*.

Gut 100 verschiedene Präpositionen stehen uns heute zur Verfügung, doch es gelangen hin und wieder auch neue in unsere Sprache: aus anderen Sprachen *(vis-á-vis, inklusive ...)*, aus anderen Wortarten wie Adverbien, Nomen, Adjektiven, Partizipien *(links, dank, nah, während ...)* oder durch Zusammensetzungen *(unbeschadet, zugunsten ...)*. Besonders in wissenschaftlichen und bürokratischen Texten erfreuen sich solche Präpositionen besonderer Beliebtheit *(angesichts, betreffs ...)*.

Da Präpositionen Sachverhalte in Beziehung setzen, folgen ihnen in der Regel Nomen, deren Kasus sie dann festlegen. Für den alten Kernbereich der Präpositionen gilt, dass sie vornehmlich den Dativ oder Akkusativ, für die neueren, dass sie den Genitiv fordern: *für den Bruder, bezüglich seines Aussehens* ... Eine Reihe von ihnen kann den Dativ und den Akkusativ fordern (siehe Anmerkungen zu „*Du frierst falsch!*"); bei einigen gibt es Streit darüber, ob man sie (noch) im Genitiv oder (schon) im Dativ verwenden kann *(wegen des Regens – wegen dem Regen)*. Fontane übrigens verwendet *wegen* und *trotz* häufig mit dem Dativ.

Die besondere Funktion der Präpositionen besteht darin, dass sie verbale Gefüge in nominale überführen können. Aus dem Nebensatz *da er ihr abweisendes Verhalten nicht beachtete* wird mit etwas wissenschaftlicher Anstrengung *ungeachtet ihres abweisenden Verhaltens*. Aus ganzen Sätzen oder Nebensätzen werden also Satzglieder, die sich ihrerseits dann als Teile eines Satzes breitbeinig aufspielen können. Ich habe das in meiner Variation „*Marcha alla burokratica*" zu parodieren versucht.

Variation mit Präpositionen: Marcha alla bürokratica

Anlässlich einer Nachricht an ihren Dozenten hält sich die Studentin Wanda *nächst* den Postfächern der Universität auf. Sie zögert. Plötzlich überfällt sie *angesichts* des Schreibens, das sie wohl *wider* klarer Einsicht verfasst hat, eine schwer definierbare Unsicherheit.

Zwecks Nervenberuhigung steckt sie sich eine Zigarette an und übergibt den Brief *statt* dem Briefschlitz zunächst dem *links* der Postfächer stehenden Tisch. Da erscheint *entgegen* jeder vernünftigen Erwartung und just *während* des Anzündens der Zigarette ihr ehemaliger Freund *namens* Janosch, an den sie *binnen* mindestens zweier Jahre nicht mehr gedacht hat. *Ungeachtet* ihres abweisenden Verhaltens kann der Typ sich nicht entblöden, ihr *jenseits* allen Anstands einen Vorwurf *bezüglich* des Rauchens zu machen. Diesen ergänzt er zwar sogleich *mittels* eines Kompliments *in punkto* ihres Aussehens: *Wegen* ihrer Dickleibigkeit brauche sie sich keine Sorgen zu machen; dick stehe ihr gut. *Infolge* dieses einen Satzes (oder war es *trotz, wegen* oder *ungeachtet* dieses Satzes, wir wagen es *mangels* besseren Wissens nicht zu entscheiden) nimmt Wanda den Brief vom Tisch und wirft ihn *inklusive* eines hörbaren Aufstöhnens in das Fach des Dozenten.

36

Präposition und Kasus

Du frierst falsch!

Als ich in meiner Jugendzeit im Harz darauf aufmerksam gemacht wurde, dass ich falsch fröre, begann ich zunächst an der Grammatik zu zweifeln – und dann erst an mir. Es war ein kalter und ungemütlicher Januartag. Ich war mit meiner damaligen Freundin am Wurmberg Ski gefahren. Auf dem Rückweg blieb ich für einen Augenblick stehen und hielt mir die Hände wärmend gegen die Ohren. „Was hast du?", fragte sie in ihrer dicken weißen Pudelmütze. „Ich friere an die Ohren", sagte ich; ich hatte eine so schöne Mütze nicht. Da lachte sie und sagte: „Du frierst falsch!" Ich wusste nicht, was sie meinte, und glaubte, sie verspotte mich. Sie war ein etwas spöttisches Mädchen, was ich eigentlich an ihr liebte. „Es heißt", sagte sie, „ich friere an *den* Ohren, nicht an *die* Ohren!" Das musste ich nun wirklich besser wissen! Ich stamme aus dem Riesengebirge, wo es im Winter viel zu frieren gab, und hatte meine ganze Kindheit hindurch weiß Gott viel gefroren, und immer an die Ohren, an die Hände oder an die Füße. Daran konnte nichts falsch sein. Deswegen schüttelte ich unwillig wie ein Kind den Kopf und sagte: „Das stimmt nicht!" Nun muss gesagt werden, dass wir beide Studenten waren und Lehrerin und Lehrer werden wollten. Wir hatten auch schon einige Semester Deutsch studiert und hätten eigentlich mit Hilfe von linguistischen Verfahren den Streitfall lösen können. Doch angesichts des sensiblen Falles, eines so unsensiblen Angriffs auf meine Grammatik und des ungemütlichen Wetters war an eine Klärung zunächst nicht zu denken. Später in einer Gastwirtschaft, in der wir Kaffee tranken, versuchte sie mir dann in Ruhe den Fall zu erklären und zog dabei die Register schulmeisterlicher Belehrung, die ihr schon zur Verfügung standen: „Du musst nur richtig fragen: Wo frierst du – und nicht wohin!" Das verwirrte mich vollends. „Wieso?", sagte ich. „Ich friere wohin: an die Ohren." Natürlich hatte ihre Lehrerfrage nach dem *wo* des Frierens einen gewissen Grad an Plausibilität und somit ein ebenso hohes Maß an Scham bei mir zur Folge. Meine Grammatik wollte ich mir damals aber nicht nehmen lassen und insistierte: „Wir haben immer so gefroren! Die Kälte kommt wohin? – an meine Ohren, also friere ich an die Ohren!" Sie fand das aber nur witzig, und ich fand dabei absolut nichts zu lachen. Ich glaube, dass unsere Liebe später in die Brüche ging, hat etwas damit zu tun, dass sie mich für einen Menschen mit falscher Temperatur erfahren und dies nie wieder vergessen hatte. Wir wussten beide noch nichts davon, dass es nicht nur *eine* Grammatik gibt und dass in der schlesischen Grammatik eben anders gefroren wird. Im Gegenteil: Wir glaubten als zukünftige Lehrer an die eherne Gesetzmäßigkeit nur einer einzigen richtigen Grammatik. Und die Richtigkeit schien auf Seiten des Mädchens zu sein. Ich ahnte es zumindest. Es war eine meiner vielen sprachlichen Niederlagen, die mich dazu gebracht hat, Sprachwissenschaft zu studieren.

Zur Sache:

Es gibt eine Reihe von Präpositionen, die sowohl den Dativ wie auch den Akkusativ nach sich ziehen: *an, auf, hinter, in, neben, über, unter, vor, zwischen*. Der den Präpositionen folgende Kasus besitzt die seltene Eigenschaft einer unterscheidenden Bedeutung, was man sonst den Fällen nicht gerade vorwerfen kann. Zielt das Verb eine Bewegung auf etwas zu an, eine Ortsveränderung also, dann steht nach der Präposition der Akkusativ: *Ich fahre auf den Schulhof (drauf)*. Gibt es jedoch das Verbleiben im Raum, das Beharren an einem Ort an, dann steht der Dativ: *Ich fahre auf dem Schulhof (herum)*. Mein Irrtum im Harz ist zumindest erklärlich: *Die Kälte gelangt an die Ohren – die Kälte ist an den Ohren*. So steht in der hochdeutschen Grammatik *frieren an* mit Dativ, in der schlesischen aber mit Akkusativ. Die Kälte ist dort halt dynamischer!

37 Präpositionales Objekt

Verliebt in Paris

Auf dem Rückflug von Paris nach Hannover hörte ich zwei jungen Männern zu, die sich auf dem Mittel- und dem Fenstersitz während des Essens miteinander unterhielten. Er habe sich in Paris richtig verliebt, sagte der eine, während er, eingeklemmt zwischen Sitz und Essensablage, an seinem Minibrötchen herumkaute. Darauf der andere, der sein Brötchen zugleich mit Käse und Wurst belegte: Das sei doch mit einer Französin ziemlich kompliziert, immer so weit weg, und man könne sich nur selten sehen, und überhaupt, für ihn wäre das nichts, er finde, dass solche Ferienbekanntschaften sowieso bald wieder in die Brüche gingen – und so weiter. Der erste, immer noch kauend: „Mach mal weiter!" – und schob sich die Tomate hinterher, die auf dem Plastikteller lag. Der andere: Wo er sie denn kennen gelernt habe, wie sie heiße, ob er schon mit ihr geschlafen habe, und wie sie überhaupt aussehe, ob er denn nicht ein Foto von ihr habe. „Die würde ich mir gern mal angucken!" – „Warte!", sagte der andere und kramte mit angelegten Armen, umständlich wie in der Szene Loriots, aus seiner Jackentasche ein Foto heraus: „Hier!" Da konnte ich nicht anders, als auch einen verstohlenen Blick auf das Foto zu werfen. „Ich sehe nix!", sagte der Junge. „Nur Leute vor dem Eiffelturm! Wo ist sie denn?" Auch ich konnte auf dem Bild keine französische Schönheit entdecken. „Alle zusammen!", sagte der erste. „Das Ganze eben!" – „Wie, das Ganze?" – „Na, ich sagte doch", und jetzt betonte er den Namen der Stadt so deutlich, dass ihm das Brötchen samt Tomate beinahe wieder aus dem Mund auf den Teller gesprungen wäre: „Ich habe mich in *Paris* verliebt!" – Da hörte ich den anderen nur noch sagen: „Verarschen kann ich mich auch selber!" – Und sein Kumpel: „Was kann ich denn dafür, dass du immer nur das Eine im Kopf hast!" – Ein bisschen ins Nachdenken kam auch ich.

Zur Sache:

Natürlich haben Sie das Spielchen, sofern Sie eine Leserin sind, schon vorher durchschaut. Ich übrigens nicht. Na gut, reden wir nicht darüber, sondern lieber über die Grammatik, die hier dieses Spiel getrieben hat! Unser Männertyp hatte, was er so nicht hätte sagen können, *in Paris* als Adverbial des Ortes verstanden und sich selbstverständlich in seiner Fantasie mit dem ausgesparten Objekt beschäftigt: In Paris, aber in wen denn nun? Der Erste indessen war, was es offensichtlich auch heute noch gibt, einer, der seine ganze Liebe auf Paris selbst projizierte und also die Stadt Paris zum Objekt seiner Begierde gemacht hatte.

Dieselbe Wortfolge, zwei Bedeutungen: der Unterschied zwischen einem Adverbial mit Präposition und einem präpositionalen Objekt. Wer genau spricht, kann es unterscheidbar machen: *Ich habe mich in Paris verliebt* oder: *Ich habe mich in Paris verliebt*. Das Adverbial kann man mit *wo* erfragen, das Objekt mit *in wen*. Das ist in solchen trivialen Liebesfällen recht einfach. Aber ob ein Satzglied Adverbial oder präpositionales Objekt ist, hat schon manche Schülerin und manchen Schüler, wenn man es denn in einem Test zu unterscheiden hatte, zur Verzweiflung gebracht. Die Sache ist auch wirklich nicht einfach, zumal man einem geschriebenen Satz die Betonung nicht anhört. Ein Satz wie *Ich habe mich in Paris verliebt* ist in geschriebener Form also zweideutig.

Präpositionale Objekte sind Satzglieder, die mit Hilfe der Präposition (und zwar in der Regel nur derjenigen, die zum Prädikat gehört) ermittelt werden: *warten (auf wen?) auf den Zug, fliehen (vor wem?) vor seinem Verfolger, träumen (von wem?) von der Geliebten* ... Adverbiale hingegen werden in der Regel mit Hilfe einfacher Fragepronomen ermittelt: *warten (wo?) auf dem Bahnsteig, fliehen (wie?) mit großer Geschwindigkeit, träumen (wo?) im Bett* ... Ist die Präposition austauschbar, so ist dies in der Regel ein Hinweis darauf, dass es sich um ein Adverbial handelt: *Er floh vor/bei/nach Tagesanbruch*. Ein präpositionales Objekt liegt dann vor, wenn (wie es im Duden heißt) „vom Prädikat eine ganz bestimmte Präposition gefordert wird".

Das klingt zunächst so, als seien solche Objekte leicht zu ermitteln. Aber es gibt Sätze, bei denen man ins Grübeln kommen kann: *Der Prinz floh mit Schön-Rohtraut vor dem bösen König zu seinen Brüdern.* Mit wem floh er? Vor wem floh er? Zu wem floh er? Alles Objekte? Durchaus nicht! Die Fragen können auch umgeformt werden: *Der Prinz floh (womit?) mit Schön-Rohtraut (vor wem?) vor dem bösen König (wohin?) zu seinen Brüdern.* Nur *vor dem bösen König* ist also Objekt. Die adverbialen Satzglieder lassen sich zudem in adverbiale Nebensätze umformen: *Der Prinz floh, indem er die schöne Rohtraut mitnahm, vor dem bösen König, an einen Ort, wo er sicher war.* Aber machen wir uns und unseren Schülern nichts vor: „Präpositionalobjekte und adverbiale Bestimmungen sind nicht immer eindeutig zu unterscheiden", so heißt es im Duden. Ein einigermaßen sicheres Kennzeichen für ein Adverbial bleibt nur die Austauschbarkeit der Präpositionen: Man kann eben sowohl *mit* als auch *ohne* Schön-Rohtraut fliehen, und zu seinen Brüdern ist als Ortsangabe ohnehin eindeutig. Man flieht aber, und das ist hier in jedem Fall das Objekt, *vor* jemandem. Flöhe man *zu* dem bösen König, was ein anständiger Prinz nicht tut, dann wäre *zu dem bösen König* ein Adverbial (*wohin?*), und das Objekt bliebe ungenannt. Genauso wäre es bei einem Satz wie: *Er hat sich (wo?) in Paris (in wen?) in Jeanette verliebt.*

Präsens, szenisch

38

Johann Peter Hebel
Der Heiner und der Brassenheimer Müller

Eines Tages saß der Heiner ganz betrübt in einem Wirtshaus und dachte daran, wie ihn erst der rote Dieter und danach sein eigener Bruder verlassen haben, und wie er jetzt allein ist. „Nein", dachte er, „es ist bald keinem Menschen mehr zu trauen, und wenn man meint, es sei einer noch so ehrlich, so ist er ein Spitzbub. Unterdessen *kommen* mehrere Gäste in das Wirtshaus und trinken Neuen, und „wisst ihr auch", sagte einer, „dass der Zundelheiner im Land ist, und wird morgen im ganzen Amt ein Treibjagen auf ihn angestellt, und der Amtmann und die Schreiber stehen auf dem Anstand?" Als das der Heiner hörte, wurde es ihm grün und gelb vor den Augen, denn er dachte, es kenne ihn einer, und jetzt sei er verraten. Ein anderer sagte: „Es ist wieder einmal blinder Lärm. Sitzt nicht der Heiner und sein Bruder zu Wollenstein im Zuchthaus?" Drüber *kommt* auf einem wohlgenährten Schimmel der Brassenheimer Müller mit roten Pausbacken und kleinen freundlichen Augen dahergeritten. Und als er in die Stube kam und *tut* den Kameraden, die bei dem Neuen *sitzen*, Bescheid und *hört*, dass sie von dem Zundelheiner *sprechen, sagt* er: „Ich hab schon so viel von dem Zundelheiner erzählen gehört. Ich möcht ihn doch auch einmal sehen." Da sagte ein anderer: „Nehmt Euch in Acht, dass Ihr ihn nicht zu früh zu sehen bekommt. Es geht die Rede, er sei wieder im Land." Aber der Müller mit seinen Pausbacken sagte: „Pah! Ich komm noch bei guter Tagzeit durch den Fridstädter Wald, dann bin ich auf der Landstraße, und wenn's fehlen will, geb ich dem Schimmel die Sporen." Als das der Heiner hörte, *fragt* er die Wirtin: „Was bin ich schuldig?", und *geht* fort in den Fridstädter Wald. Unterwegs *begegnet* ihm auf der Bettelfuhr ein lahmer Mensch. „Gebt mir für ein Käsperlein Eure Krücke", sagte er zu dem lahmen Soldaten. „Ich habe das linke Bein übertreten, dass ich laut schreien möchte, wenn ich drauf treten muss.

Im nächsten Dorf, wo Ihr abgeladen werdet, macht Euch der Wagner eine neue." Also gab ihm der Bettler die Krücke. Bald darauf *gehen* zwei betrunkene Soldaten an ihm vorbei und singen das Reiterlied. Wie er in den Fridstädter Wald *kommt, hängt* er die Krücke an einen hohen Ast, *setzt* sich ungefähr sechs Schritte davon weg an die Straße und *zieht* das linke Bein zusammen, als wenn er lahm wäre. Drüber *kommt* auf stattlichem Schimmel der Müller dahertrottiert und macht ein Gesicht, als wenn er sagen wollte: „Bin ich nicht der reiche Müller, und bin ich nicht der schöne Müller, und bin ich nicht der witzige Müller?" Als aber der witzige Müller zu dem Heiner kam, *sagt* der Heiner mit kläglicher Stimme: „Wolltet Ihr nicht ein Werk der Barmherzigkeit tun an einem armen lahmen Mann. Zwei betrunkene Soldaten, sie werden Euch wohl begegnet sein, haben mir all mein Almosengeld abgenommen, und haben mir aus Bosheit, dass es so wenig war, die Krücke auf jenen Baum geschleudert, und ist in den Ästen hängen blieben, dass ich nun nimmer weiter kann. Wolltet Ihr nicht so gut sein und sie mit Eurer Peitsche herabzwicken?" Der Müller sagte: „Ja, sie sind mir begegnet an der Waldspitze. Sie haben gesungen: ‚So herzig wie mein Lisel ist halt nichts auf der Welt.'" Weil aber der Müller auf einem schmalen Steg über den Graben zu dem Baum musste, so stiegt er vom Ross ab, um die Krücke herabzuzwicken. Als er aber an dem Baum war und *schaut* hinauf, *schwingt* sich der Heiner schnell wie ein Adler auf den stattlichen Schimmel, *gibt* ihm mit dem Absatz die Sporen und *reitet* davon. „Lasst Euch das Gehen nicht verdrießen", rief er dem Müller zurück, „und wenn Ihr heimkommt, so richtet Eurer Frau einen Gruß aus von dem Zundelheiner!" Als er aber eine Viertelstunde nach Betzeit nach Brassenheim und an die Mühle kam, und alle Räder klapperten, dass ihn niemand hörte, stieg er vor der Mühle ab, band dem Müller den Schimmel wieder an der Haustüre an und setzte seinen Weg zu Fuß fort.

Zur Sache:

In dieser kleinen Geschichte aus dem *Rheinländischen Hausfreund* von 1810 wechselt Hebel öfter die Zeitformen, als es eine Lehrerin ihren Schülern erlauben würde. Er beginnt mit dem Präteritum und Perfekt, geht ins Präsens über, kehrt im selben Satz ins Präteritum zurück, führt dann eine neue Episode im Präsens vor, vermischt mit dem Präteritum, usw. – und lässt am Ende das Ganze, gottlob, im Präteritum ausklingen. Beim Lesen fällt es kaum auf, es sei denn, man ist eben jemand, der gelernt hat, auf die Zeitformen achten zu müssen.

Was mag Hebel zum wiederholten Gebrauch des Präsens veranlasst haben? Wollte er es nur den einfachen Leuten nachmachen, für die er ja schrieb, oder hat er damit eine Absicht verfolgt? Nun, es ist offenbar die Anteilnahme an dem Geschehen, bald historisch fern, bald plastisch nah, die ihn zu einem solchen Wechsel vom Präteritum ins Präsens verführt hat. Verführt? Nein! Er war sich als vorzüglicher Geschichtenschreiber dieses Wechsels bewusst – und wollte Wirkung damit ausüben. Denn auch der Leser wird damit zu Distanz und zugleich Anteilnahme gezwungen.

Dieser Zeitformenwechsel hat Stil – und er hat einen Namen: *Szenisches Präsens.* Dies ist ein Präsens, das im präteritalen Kontext einer Geschichte aus vergangener Zeit die Nähe einer zumeist aufregenden Szene zum Ausdruck bringt. Wir machen das im Alltag auch so: *Gestern war ich in der Stadt. Als ich so durch die Straßen bummelte, läuft mir doch plötzlich meine alte Freundin Elena über den Weg ...* Alle großen Schriftsteller bedienen sich dieses Mittels. Allerdings systematisch. Und das tut auch Hebel. Immer sind es die Stellen, an denen etwas Besonderes geschieht oder etwas Neues eintritt: Als die Leute in das Wirtshaus kommen, als der Müller dazukommt, als der Heiner im Wald die Falle vorbereitet und als er den Müller hereinlegt. Alles andere ist präterital erzählt, und auch zwischendurch sorgt der Erzähler immer wieder einmal dafür, dass die Distanz zur Vergangenheit gewahrt bleibt, sodass er manchmal in ein und demselben Satz beide Zeitformen verwendet: *Und als er in die Stube kam und tut den Kameraden ... Bescheid.* Ja, das Ganze reicht bis in die Syntax hinein. Siebenmal beginnt ein Temporalsatz mit *als* und dem Präteritum, fünfmal davon wird der folgende Hauptsatz im Präsens fortgeführt: *Als aber der witzige Müller zu dem Heiner kam, sagt der Heiner mit kläglicher Stimme* ... Der Nebensatz stellt die Distanz zur vergangenen Zeit her, der Hauptsatz stellt das nun sich Ereignende dem Leser nahe vor Augen. Das ist kein Wechsel der Zeit, sondern einer der Perspektive: ein Heranzoomen des Vergangenen von der Totale zur Nahaufnahme, von der Gesamtansicht der Geschichte zur Nähe der einzelnen Szene. Deswegen „szenisches" Präsens.

Diese Möglichkeit besitzt das Präsens natürlich nur in einem Text, der sonst im Präteritum steht. Es gibt auch seltene Exemplare von ganzen Romanen, die im Präsens stehen. Will der Erzähler hier eine Situation szenisch heranzoomen, muss er es mit lexikalischen Mitteln tun. Das tun ja auch Kinder, die vielfach im Präsens erzählen, und sie verwenden dann Adverbien oder Adverbiale wie *auf einmal, in diesem Augenblick, plötzlich* und das beliebte *und da,* das ebenfalls auf etwas Neues hinweist. Doch da das szenische Präsens sich zusätzlich auch dieser Mittel bedienen kann, wirkt es ungleich plastischer.

Meine Variation spielt mit dem Piano des distanzierten Erzählens, holt dann in einem ersten Mezzoforte die eine Stimme des Studenten näher heran und dann im Forte über mehrere Takte die Begegnung der beiden Protagonisten Wanda und Janosch. Danach versickert sie wieder im Piano des Schlusses.

Variation mit Zeitformwechsel: Piano – forte – piano

39

Eines Tages *stand* die Studentin Wanda zögerlich vor den Postfächern der Universität und *dachte* daran, wie sehr sie sich mit dem Brief, den sie in Händen *hielt,* letzte Nacht *abgequält hatte.* „Nein", *dachte* sie, „ich habe diesen Brief zwar geschrieben, aber einwerfen kann ich ihn nicht!" Und *legte* ihn auf den Abstelltisch. Drauf *zündete* sie sich eine Zigarette an und *blies* den Rauch in die Luft. Unterdessen **kommen** mehrere andere Studenten vorbei, die sie nicht *kannte.* „Hast du schon gehört?", *sagte* einer, und ein anderer *fiel* ein: „Die machen mit einem doch, was sie wollen!" Wie die Typen so miteinander *redeten,* **hört** sie plötzlich eine Stimme, die ihr bekannt **vorkommt**: „Du rauchst ja wieder!" Als Wanda die Stimme *erkannt hatte,* **dreht** sie sich um und **sagt**: „Du siehst es!" Da **steht** also tatsächlich Janosch und **fängt** an, ihr Vorwürfe zu machen: „Du hattest doch aufgehört mit dem Schweinkram!" Drauf sie: „Pah, aufgehört! Mit dem Aufhören hat das Dickwerden angefangen. Deshalb." Da **grinst** Janosch sie unverschämt an und **sagt**: „Dick steht dir doch gut!" Das *war* dann doch zu viel für sie. Wütend **ergreift** sie den Brief, der auf dem Abstelltisch *lag,* und **wirft** ihn in das Postfach ihres Dozenten. Als sie sich aber einige Sekunden danach nach Janosch *umschaute, hatte* der sich schon wieder *verdrückt.*

Pronomen

Unhöflichkeitsanrede

Zu berichten ist von zwei Nachbarn, denen man weiß Gott nicht den Vorwurf machen kann, dass sie besonders freundlich miteinander umgingen. Jeder für sich war umgänglich, der eine Garten-, der andere Hundeliebhaber, und sie hätten ein Auskommen mit sich selbst und ihren Goldfischen und Bernhardinern haben können, wären nicht ihre Grundstücke zufällig aneinander gestoßen. So aber stieß eben auch manches andere aneinander. Auf der einen Seite des Zaunes pflegte Fürchtegott Kunz, ein etwas einfältiger Choleriker, seinen Garten samt Teich, auf der anderen Franziskus Hinz, ein etwas klügerer Ironiker, seine Hunde. Gesprochen haben sie seit langem nicht mehr miteinander; was sie sich zu sagen hatten, machten sie postalisch ab, hin und wieder auch über den Umweg ihrer Anwälte. Ich möchte Ihnen das einmal an einem einzigen Beispiel ihrer Korrespondenz demonstrieren:

Herr Hinz!!

Was da gestern wieder passiert ist, lasse ich mir nicht länger gefallen. Ihre beiden Hunde sind wieder über den Zaun gesprungen und durch meinen Garten getrampelt. Wie können Sie zulassen, dass Sie mir ständig die Kartoffeln auswühlen! Sogar in den Gartenteich sind Sie gesprungen. Außerdem scheißen Sie mir ständig den Rasen voll. Darüber hinaus ist Ihr Gebell unerträglich. Dass Sie sich nicht schämen, ständig diesen Spektakel zu machen! Wahrscheinlich sind Sie falsch erzogen. Jedenfalls werde ich das nächste Mal mit meinem Luftgewehr auf Sie schießen, dass sich Ihr Fell sträubt.

Fürchtegott Kunz

Mein lieber Herr Kunz,

was Sie und meine Hunde betrifft, so belästigen Sie mich nicht mit Ihrem Gebell! Stattdessen lecken Sie mir liebevoll die Füße, und Sie machen mir nichts als Freude. Was Sie in Ihrem Garten tun, geht mich nichts an. Ich kann Sie jedenfalls nicht davon abhalten, Ihr Geschäft dort zu verrichten. Gern sehe auch ich Ihnen dabei nicht zu!

Mit freundlichen Grüßen
Ihr Franziskus Hinz

Zur Sache:

Zu den nachbarschaftlichen Verhältnissen ist nicht viel mehr zu sagen, denn Sie kennen dergleichen ja wohl. Dass sich aber ein Streitfall auch grammatisch austoben kann, dafür haben Sie hier ein Beispiel: eines von Kunz, der es nicht besser konnte; und eines von Hinz, der es seinem Nachbarn mit gleicher Münze zurückzahlte. Wobei mir die Anmerkung gestattet sei, dass er seine Perlen wohl vor die Säue warf – oder besser: in die Kartoffeln.

Die so genannte „Höflichkeitsanrede", die, wie Sie bemerkt haben, sich auch ganz anders geben kann, spielt sich durch Großschreibung der Anredepronomen auf. Nein, eigentlich ist es kein Aufspielen, sondern eher ein Sich-Kleinmachen vor dem Angeredeten. Jedenfalls war es früher einmal so, als man sich verbeugend noch an Euer Hochwohlgeboren schrieb. Das ist lange her. Weniger lange ist es her, seit man beim *Du* die Großschreibung abschaffte. Nicht, weil man zu einem *Du* weniger höflich sein sollte als zu einem *Sie*, sondern aus einem anderen Grund.

Wer in einem Anschreiben einen vertrauten Partner oder eine Gruppe von ihnen mit den Pronomen *du, dir, dein, dich* oder *ihr, euer, euch* anredet, wird bei seinen Nettigkeiten keine Missverständnisse erzeugen, da die Pronomen der 2. Person keine Konkurrenten haben. Das ist bei *sie* anders. Die 3. Person lautet erstens im weiblichen Singular und Plural insgesamt gleich – und dient darüber hinaus nicht nur zur Bezeichnung von allen möglichen Dingen im Singular wie grammatisch feminin veranlagten Namen und Nomen und im Plural wie Kartoffeln, Hunden und Gartenteichen, sondern auch der Anrede von Personen, die man nicht duzt. Da muss man schon aufpassen: Meint man mit *sie* die Hunde des Nachbarn oder mit *Sie* den Nachbarn selbst, an den man sich wendet, – ob höflich oder auch nicht. Es sind also Gründe der Unterscheidung, die die Rechtschreibreformer veranlasst haben, die Großschreibung des Anredepronomens *Sie* mit seinen Verwandten *Ihnen, Ihr* beizubehalten. Man hätte ein Chaos mit der Abschaffung der Großschreibung entfacht! Andererseits: dass ein ähnliches Chaos entfacht werden kann, wenn man Anreden und nominale Verweise nicht unterscheiden kann – oder nicht will, das zeigen die beiden Briefe von Hinz und Kunz.

Um Sie wenigstens ein paar Schritte weiter hineinzuführen in das Geheimnis der Pronomen, habe ich die Variation: *Geheimnisvoll* für Sie geschrieben. Sie verzichtet weise auf alle Nomen – bis auf eines. Stattdessen werden Sie in ihr auf die Personal- *(ich, du* usw.*)*, Possessiv- *(mein, dein* usw.*)*, Demonstrativ- *(dies, das* usw.*)*, Relativ- *(der, die, das)*, Reflexiv- *(mich, sich* usw.*)*, Interrogativ- *(was, welches* usw.*)* und Indefinitpronomen *(etwas, nichts* usw.*)* aufmerksam gemacht, die ja immer (deswegen nennt man sie auch „Fürwörter") *für* etwas stehen, das entweder schon vorher mit einem Nomen oder einem nominalen Ausdruck genannt worden ist, oder *für* etwas Erwartetes, auf das vorausweisend hingewiesen wird.

Es musste sein! *Sie* konnte nicht länger warten. Und *es* war *ihr* klar: So *etwas* konnte *man* nur brieflich mitteilen. *Es ihm* mündlich zu sagen, dazu war *sie* nicht mutig genug. (Um *was es sich* dabei handelte, dazu hätten *wir* in *sie* hineinschauen müssen, *was wir* als unstatthaft ablehnen! Außerdem hätten *wir* dazu Nomen benötigt.) Jedenfalls zögerte *sie* erst noch, beruhigte *sich,* indem sie rauchte. (*Wir* nehmen *ihr das* nicht übel!) Doch auf einmal kam *er*! *Er, den sie* schon fast vergessen hatte. Glücklich war *sie* darüber nicht. *Er* warf *ihr* nämlich gleich wieder *etwas* vor, *was er* schon immer gern getan hatte. Glücklicher wurde *sie* dadurch nicht, dass *er ihr* sagte, *sie* sehe gut aus, obwohl *sie* zugenommen habe. Dick stehe *ihr* gut. – *Was ihr* gut steht oder nicht, *das* musste *sie* ja wohl *selber* wissen! *Sie* ließ *ihn* jedenfalls abblitzen. *Eines* war aber doch gut daran, dass *sie* von *ihm* ermuntert worden war, nun doch zu tun, *was sie* tun musste. (Übrigens: *Was* genau *sie* tun musste, können *wir* dergestalt nicht ausdrücken, und *wir* wissen *es,* ehrlich gesagt auch nicht. *Es* bleibt irgendwie geheimnisvoll – und wird *es* wohl immer bleiben.)

Satzgefüge und Kommasetzung

Heinrich von Kleist **Das Bettelweib von Locarno**

Am Fuße der Alpen, bei Locarno im oberen Italien, befand sich ein altes, einem Marchese gehöriges Schloss, das man jetzt, wenn man vom St. Gotthard kommt, in Schutt und Trümmern liegen sieht: ein Schloss mit hohen und weitläufigen Zimmern, in deren einem einst, auf Stroh, das man ihr unterschüttete, eine alte kranke Frau, die sich bettelnd vor der Tür eingefunden hatte, von der Hausfrau aus Mitleiden gebettet worden war. Der Marchese, der, bei der Rückkehr von der Jagd, zufällig in das Zimmer trat, wo er seine Büchse abzusetzen pflegte, befahl der Frau unwillig, aus dem Winkel, in welchem sie lag, aufzustehen, und sich hinter den Ofen zu verfügen. Die Frau, da sie sich erhob, glitschte mit der Krücke auf dem glatten Boden aus, und beschädigte sich, auf eine gefährliche Weise, das Kreuz; dergestalt, dass sie zwar noch mit unsäglicher Mühe aufstand und quer, wie es vorgeschrieben war, über das Zimmer ging, hinter den Ofen aber, unter Stöhnen und Ächzen, niedersank und verschied.

Mehrere Jahre nachher, da der Marchese, durch Krieg und Misswachs, in bedenkliche Vermögensumstände geraten war, fand sich ein florentinischer Ritter bei ihm ein, der das Schloss, seiner schönen Lage wegen, von ihm kaufen wollte. Der Marchese, dem viel an dem Handel gelegen war, gab seiner Frau auf, den Fremden in dem oben erwähnten, leer stehenden Zimmer, das sehr schön und prächtig eingerichtet war, unterzubringen. Aber wie betreten war das Ehepaar, als der Ritter mitten in der Nacht, verstört und bleich, zu ihnen herunterkam, hoch und teuer versichernd, dass es in dem Zimmer spuke, indem etwas, das dem Blick unsichtbar gewesen, mit einem Geräusch, als ob es auf Stroh gelegen, im Zimmerwinkel aufgestanden, mit vernehmlichen Schritten, langsam und gebrechlich, quer über das Zimmer gegangen, und hinter dem Ofen, unter Stöhnen und Ächzen, niedergesunken sei.

Der Marchese erschrocken, er wusste selbst nicht recht warum, lachte den Ritter mit erkünstelter Heiterkeit aus, und sagte, er wolle sogleich aufstehen, und die Nacht zu seiner Beruhigung, mit ihm in dem Zimmer zubringen. Doch der Ritter bat um die Gefälligkeit, ihm zu erlauben, dass er auf einem Lehnstuhl, in seinem Schlafzimmer übernachte, und als der Morgen kam, ließ er anspannen, empfahl sich und reiste ab.

Dieser Vorfall, der außerordentliches Aufsehen machte, schreckte auf eine dem Marchese höchst unangenehme Weise, mehrere Käufer ab; dergestalt, dass, da sich unter seinem eigenen Hausgesinde, befremdend und unbegreiflich, das Gerücht erhob, dass es in dem Zimmer, zur Mitternachtsstunde, umgehe, er, um es mit einem entscheidenden Verfahren niederzuschlagen, beschloss, die Sache in der nächsten Nacht selbst zu untersuchen. Demnach ließ er, beim Einbruch der Dämmerung, sein Bett in dem besagten Zimmer aufschlagen, und erharrte, ohne zu schlafen, die Mitternacht. Aber wie erschüttert war er, als er in der Tat, mit dem Schlage der Geisterstunde, das unbegreifliche Geräusch wahrnahm; es war, als ob ein Mensch sich von Stroh, das unter ihm knisterte, erhob, quer über das Zimmer ging, und hinter dem Ofen, unter Geseufz und Geröchel niedersank. Die Marquise, am andern Morgen, da er herunterkam, fragte ihn, wie die Untersuchung abgelaufen; und da er sich, mit scheuen und ungewissen Blicken, umsah, und, nachdem er die Tür verriegelt, versicherte, dass es mit dem Spuk seine Richtigkeit habe: so erschrak sie, wie sie in ihrem Leben nicht getan, und bat ihn, bevor er die Sache verlauten ließe, sie noch einmal, in ihrer Gesellschaft, einer kaltblütigen Prüfung zu unterwerfen. Sie hörten aber, samt einem treuen Bedienten, den sie mitgenommen hatten, in der Tat, in der nächsten Nacht, dasselbe unbegreifliche, gespensterartige Geräusch; und nur der dringende Wunsch, das Schloss, es koste was es wolle, loszuwerden, vermochte sie, das Entsetzen, das sie ergriff, in Gegenwart ihres Dieners zu unterdrücken, und dem Vorfall irgendeine gleichgültige und zufällige Ursache, die sich entdecken lassen müsse, unterzuschieben. Am Abend des dritten Tages, da

beide, um der Sache auf den Grund zu kommen, mit Herzklopfen wieder die Treppe zu dem Fremdenzimmer bestiegen, fand sich zufällig der Haushund, den man von der Kette losgelassen hatte, vor der Tür desselben ein; dergestalt, dass beide, ohne sich bestimmt zu erklären, vielleicht in der unwillkürlichen Absicht, außer sich selbst noch etwas Drittes, Lebendiges, bei sich zu haben, den Hund mit sich in das Zimmer nahmen. Das Ehepaar, zwei Lichter auf dem Tisch, die Marquise unausgezogen, der Marchese Degen und Pistolen, die er aus dem Schrank genommen, neben sich, setzen sich, gegen elf Uhr, jeder auf sein Bett; und während sie sich mit Gesprächen, so gut sie vermögen, zu unterhalten suchen, legt sich der Hund, Kopf und Beine zusammengekauert, in der Mitte des Zimmers nieder und schläft ein. Drauf, in dem Augenblick der Mitternacht, lässt sich das entsetzliche Geräusch wieder hören; jemand, den kein Mensch mit Augen sehen kann, hebt sich, auf Krücken, im Zimmerwinkel empor; man hört das Stroh, das unter ihm rauscht; und mit dem ersten Schritt: tapp! tapp! erwacht der Hund, hebt sich plötzlich, die Ohren spitzend, vom Boden empor, und knurrend und bellend, grad als ob ein Mensch auf ihn eingeschritten käme, rückwärts gegen den Ofen weicht er aus. Bei diesem Anblick stürzt die Marquise mit sträubenden Haaren, aus dem Zimmer; und während der Marquis, der den Degen ergriffen: „Wer da?" ruft, und da ihm niemand antwortet, gleich einem Rasenden, nach allen Richtungen die Luft durchhaut, lässt sie anspannen, entschlossen, augenblicklich, nach der Stadt abzufahren. Aber ehe sie nach Zusammenraffung einiger Sachen aus dem Tore herausgerasselt, sieht sie schon das Schloss ringsum in Flammen aufgehen. Der Marchese, von Entsetzen überreizt, hatte eine Kerze genommen, und dasselbe, überall mit Holz getäfelt wie es war, an allen vier Ecken, müde seines Lebens, angesteckt. Vergebens schickte sie Leute hinein, den Unglücklichen zu retten; er war auf die elendiglichste Weise bereits umgekommen, und noch jetzt liegen, von den Landleuten zusammengetragen, seine weißen Gebeine in dem Winkel des Zimmers, von welchem er das Bettelweib von Locarno hatte aufstehen heißen.

Zur Sache:

Texte werden gewöhnlich nach Absätzen gegliedert. In Absätzen steht, was thematisch, lokal, zeitlich usw. zusammengehört. So etwa macht es auch Kleist: *1. einst, der Tod der Frau, 2. mehrere Jahre nachher, der Besuch eines Käufers des Schlosses, der Spuk, 3. die Abreise des Käufers, 4. die Untersuchung des Spuks, der Brand des Schlosses, der Tod des Besitzers.*

Absätze werden in der Regel nach Sätzen gegliedert. Ihre Markierungen sind der Punkt und die Großschreibung des Satzanfangs. Ein Satz stellt eine Art Gedankeneinheit dar. So auch bei Kleist. Im ersten Satz des ersten Absatzes: *die Beschreibung des Ortes, an dem die Bettlerin unterkam; im zweiten Satz: der Unwille des Marchese; im dritten Satz: der Tod der Alten.* Es sind lange Satzgefüge bei Kleist. Das Auge ist dankbar für die Haltestellen von Punkt und Großschreibung. Der Punkt ist zwar an sich kein obligatorisches, kein grammatisches Zeichen, sondern ein Sinnzeichen, doch mehr Punkte hätte Kleist nicht setzen können; denn fast jedes Satzgefüge enthält nur einen Hauptsatz; wo zwei Hauptsätze gedanklich miteinander verbunden werden, setzt er ein Semikolon.

Längere Sätze sind gegliedert durch Kommas; und bei ihnen kommt Grammatik ins Spiel. Denn die Regeln der Kommasetzung sind grammatischer Art: Aufzählung, Einschübe, Nachstellungen, Trennung von Haupt- und Nebensatz. Das kennen Sie. Doch bei Kleist ist das nicht so, zumindest nicht nur. 207 Kommas, Semikolons und Doppelpunkte (statt Kommas) enthält dieser Text. 65 davon sind nach den Regeln der Kommasetzung von heute – und waren es damals fast alle auch schon – überflüssig. Etwa ein Drittel der satzinternen Zeichen also setzt Kleist aus anderen Gründen. Man hat das als „rhetorische" Kommatierung bezeichnet:

… Die Frau, da sie sich erhob, glitschte mit der Krücke auf dem glatten Boden aus, und beschädigte sich, auf eine gefährliche Weise, das Kreuz; dergestalt, dass sie zwar noch mit unsäglicher Mühe aufstand und quer, wie es vorgeschrieben war, über das Zimmer ging, hinter dem Ofen aber, unter Stöhnen und Ächzen, niedersank und verschied …

Man muss es sich vorlesen, um ermessen zu können, wie das gemeint ist mit der rhetorischen Kommasetzung: erst in der Kleistschen Fassung, dann in der „normalen", wie wir sie erwarten würden:

... *Die Frau, da sie sich erhob, glitschte mit der Krücke auf dem glatten Boden aus und beschädigte sich auf eine gefährliche Weise das Kreuz dergestalt, dass sie zwar noch mit unsäglicher Mühe aufstand und quer, wie es vorgeschrieben war, über das Zimmer ging, hinter dem Ofen aber unter Stöhnen und Ächzen niedersank und verschied* ...

Die obligatorischen Kommas werden bei Kleist auch gesetzt; doch darüber hinaus noch viele mehr: Doppelkommas für Satzteile, die syntaktisch als Einschübe oder Parenthesen, zumeist ohne verbalen Kern, die Haupt- oder Nebensätze unterbrechen, die aber, was das Auffälligste ist, semantisch häufig als verkürzte Nebensätze interpretiert werden müssen: *Am Fuße der Alpen, (das) bei Locarno im oberen Italien (liegt), befand sich* ... Alle diese Kommas stauen den Lesefluss und fordern zu einem unterbrechenden, atemlosen Vorlesen auf.

Diese Art der rhetorischen Kommasetzung in Satzgefügen mit Nebensätzen, die durch weitere Nebensätze vielfach unterbrochen sind und überbrückt werden wollen, gehört gewiss zu den auffälligsten Stilmerkmalen Kleistscher Prosa. Doch ist das nur Personalstil oder auch Bedeutungsmerkmal für bestimmte Textstellen? Konturiert Kleist damit seine Texte auf unterschiedliche Weise? Denn so atemlos geht es doch nicht überall zu. Die ersten beiden Sätze des zweiten Absatzes kommen gemächlicher daher: *Mehrere Jahre nachher* ... Drei Zeilen lange Sätze nur, unterordnende Nebensätze lediglich ersten Grades, durch Doppelkommas unterbrochene Herausstellungen nur zweimal. Das entspricht dem eher beschreibenden Inhalt dieser Textstelle. Dann aber der dritte Satz dieses Absatzes: *Aber wie betreten war das Ehepaar* ... Aufgeregtheit plötzlich, Gestalt geworden in einem siebenzeiligen Satzgefüge mit Nebensätzen bis zum fünften Grad und dreimaligen Einschüben wie *verstört und bleich, langsam und gebrechlich, unter Stöhnen und Ächzen*. Da ist es, das Atemlose, wo es das Erschrecken charakterisiert. Nicht also artifizielles Gehabe oder künstlicher Stil, sondern ikonisierender Gestus, stilistische Kunst!

Meine Variation möchte Ihre Aufmerksamkeit auf die Kommasetzung in einem langen Satzgefüge – und auf die Merkmale rhetorischer Kommatierung richten. Der *Hauptsatz* ist kursiv gedruckt, jedes **Beziehungswort** halbfett, damit Sie das Ganze besser durchschauen.

Variation aus einem Satzgefüge: Furioso

Als Wanda vor den Postfächern der Uni stand, **um** den Brief, **den** sie an ihren Dozenten geschrieben hatte, in dessen Fach einzuwerfen, **wobei** sie noch zögerte, **ob** sie dieses Unternehmen tatsächlich wagen sollte, **dergestalt dass** sie den Umschlag erst einmal auf einen der Abstelltische legte, *da sah sie plötzlich,* **während** sie sich eine Zigarette anzündete, *ihren früheren Freund Janosch auf sich zukommen,* **der** sich, in unverblümter Keckheit, die Frage erlaubte, **ob** sie wieder rauche, **worauf** sie abweisend antwortete, das sehe er doch, **was** ihn nicht von dem Satz abhielt, **der** wie ein Vorwurf klang, sie habe sich das Rauchen doch abgewöhnt, **wodurch** sie sich, **als** hätte sie eine Rechtfertigung nötig gehabt, zu der Entschuldigung hinreißen ließ, sie habe es deswegen wieder angefangen, **weil** sie, durch ihre Abstinenz, zu dick geworden sei, **was** er, **ob** er es nun aufrichtig meinte oder ironisch, mit dem außergewöhnlich wirkungsvollen Satz beantwortete, dick stehe ihr gut, **woraufhin** sie den Brief, **der** auf dem Abstelltisch lag, wieder herunternahm **und**, kurz entschlossen, in das Fach warf, auf **dessen** Schild der Name des Dozenten stand.

Spannung

Wilhelm Busch **Eine Nachtgeschichte**

Vor einiger Zeit kehrte spät abends im „Goldenen Löwen" zu Kassel ein elegant gekleideter Fremder ein. Er aß nur äußerst wenig und ließ sich bald sein Schlafzimmer anweisen. Es mochte wohl eine Viertelstunde später sein, als der Kellner an Nr. 6, dem Zimmer des Fremden, vorüberkam. Ein Ächzen und Stöhnen drang daraus hervor. Unterdessen hat die Regierungsrätin v. Z., welche in Nr. 7 schläft, dieselbe Entdeckung gemacht. Man dringt nun in das Zimmer des Fremden. Der hatte bereits mit eigener Hand seine – engen Stiefel ausgezogen.

Und nun noch einmal im O-Ton der spannenden Anekdote von Wilhelm Busch

Vor einiger Zeit kehrte spät abends im „Goldenen Löwen" zu Kassel ein elegant, aber nachlässig gekleideter Fremder ein, der augenscheinlich eine längere Fußtour gemacht hatte. Aus seinen schmerzlichen Zügen sprach eine stille Verzweiflung, ein heimlicher Kummer musste seine Seele belasten. Er aß nur äußerst wenig und ließ sich bald sein Schlafzimmer anweisen.

Es mochte wohl eine Viertelstunde später und nahezu Mitternacht sein, als der Kellner an Nr. 6, dem Zimmer des Fremden, vorüberkam. Ein lautes, herzzerreißendes Ächzen und Stöhnen drang daraus hervor. Dem erschrockenen Kellner erstarrte das Blut in den Adern. Irgendetwas Entsetzliches musste da vorgehen. Schleunige Hilfe tat Not; der Kellner stürzt zur Polizei.

Unterdessen hat die Regierungsrätin v. Z., welche in Nr. 7 schläft, dieselbe schreckliche Entdeckung gemacht und bereits das ganze Wirtshaus in Alarm gebracht, als der Kellner mit der Polizei zurückkommt. Man dringt nun sofort in das Zimmer des Fremden. Aber leider kam die Hilfe zu spät, denn derselbe hatte bereits in Ermanglung eines anderen Instrumentes mit eigener Hand unter Schmerzen und Wehklagen seine – engen Stiefel ausgezogen.

Zur Sache:

Ich werde nie jene Lehrerin vergessen, die uns in der Schule den Begriff der *Spannung* damit zu erklären versuchte, dass sie eine Kurve an die Tafel zeichnete, sanft ansteigend und am Schluss steil abfallend, und dazu, in die Kniebeuge gehend und mit den Armen, sich wieder hoch aufrichtend, den Spannungsbogen nachgestikulierend, sagte: „So ist es mit der Spannung in einem Text." Ich habe dann infolge dieses Bewegungsbildes immer wieder versucht, eine solche Kurve oder einen so eindrucksvollen Bogen in spannenden Texten zu finden. Es ist mir nie gelungen.

Die Metaphern vom *Spannungsbogen,* dem *Höhepunkt* und dem *steilen Abfall zur Pointe* haben zwar etwas Bestechendes, sie erklären aber kaum, was Spannung wirklich ausmacht. Bei Wilhelm Busch erfahren wir es auf ganz andere Weise. Die kleine Geschichte, die ich zunächst einmal von allen Spannungselementen befreit habe, ist im Original durchaus spannend, und die Lösung der Spannung vollzieht sich tatsächlich in einer Pointe, die bis auf die letzten drei Wörter aufgespart bleibt. Aber **wie** Busch die Spannung erzeugt, ist doch von anderer Art als der Spannungsbogen meiner Lehrerin.

Die Geschichte beginnt ganz ungespannt wie eine klassische Anekdote. Doch schon im zweiten Satz wird etwas angedeutet, das uns eine Frage stellt, die nicht beantwortet wird: *die schmerzlichen Züge, die stille Verzweiflung, der heimliche Kummer.* Warum nur? denken wir wohl – und erwarten natürlich, dass uns dies, wie es sich für eine Geschichte gehört, irgendwann beantwortet wird. Also: Spannung ist zuallererst, durch eine Andeutung eine Frage in uns auszulösen, die nicht sogleich beantwortet wird. Wir schleppen diese Frage dann während des Lesens mit uns herum, und sie macht uns eine Hoffnung, die nach Erfüllung ruft.

Dann fügt Busch das ein, was der Kellner zur *Mitternacht* (wieder so eine Andeutung!) hinter der verschlossenen Tür hört: *ein lautes, herzzerreißendes Ächzen und Stöhnen.* Das löst nicht nur beim Kellner, sondern auch beim Leser Mutmaßungen aus, die an eine furchtbare Krankheit oder gar an Todesqualen erinnern. Die gewählten Wörter sind es, die das tun: Adjektive wie *laut, herzzerreißend, erschrocken,* Verben wie *erstarren,* Nomen wie *das Blut in den Adern, irgendetwas Entsetzliches, Hilfe tat Not.* Das ist nicht als Spannungskurve im Text sichtbar, das ist das Spiel mit dem Leser durch Andeutungen von etwas Schrecklichem, das wir aber (noch) nicht identifizieren können. Und identifizieren wollen wir nun einmal.

Dann noch die parallel gebaute Unterbrechung mit der *Regierungsrätin aus Nr. 7,* die den Fortgang der Geschichte eigentlich nur aufhält, aber genau deswegen ebenfalls zu den Spannungselementen gehört: Verzögerungstaktik! Steigerung der Erwartung! Und erst danach Schritt für Schritt auf die Lösung zu: *Polizei, in das Zimmer eindringen.* Diese Sätze stehen im die Spannung steigernden szenischen Präsens, das die Szene nun nahe an den Leser heranrückt. Dann ein letzter Aufhaltversuch oder besser: die Strategie der Irreführung: *Aber leider kam jede Hilfe zu spät, … mit eigener Hand, … unter Schmerzen …* Noch einmal werden wir mit allerhand Schrecklichem gekitzelt, von dem wir erlöst werden wollen. Und dann die Lösung.

Die ist nun freilich trivial. Der Leser fühlt sich genarrt. Aber so ist das mit den Fehlinterpretationen von Alltäglichkeiten. Wir werden von dem Humoristen und Ironiker Busch auf uns selbst zurückgeworfen und können eigentlich nur noch darüber den Kopf schütteln, dass wir uns zusammen mit den Figuren der Geschichte so haben auf die Folter spannen und fehlleiten lassen, – durch den Aufbau eigener Ängste.

Nein, Spannung ist keine Kurve in einer Geschichte. Sie ist eine Art Grammatik und Semantik des Textes, die durch Vorausdeutungen aufgebaut wird, durch Fragen an den Leser, durch Hoffnungen, die man ihm macht, durch Einschübe, Unterbrechungen und oft sogar Rückverweise, durch Irreführungen und Aufsparungen der Lösung bis zum letzten Satz der Pointe. Man darf es nur nicht überziehen. Wilhelm Busch hat das in einer kurzen anekdotischen Geschichte unter Anwendung fast des gesamten Arsenals spannungserzeugender Mittel sehr fein dosiert.

Meine Variation spielt mit solchen Spannungsmitteln wie Verzögerung, Andeutung, Unterbrechung, Erzählerkommentaren, Gedankenreden usw., lässt das Ganze aber dann ins Leere laufen, weil Sie, liebe Leserinnen und Leser, ja schon von Anfang an ahnen: Auch hier wird wieder nichts draus!

45 Variation voller Vorausdeutungen: Nicht zu schnell

Vor einiger Zeit betrat morgens in aller Frühe mit zaghaften Schritten eine unauffällig gekleidete Studentin den Flur der Universität Hildesheim. Aus ihren flatternden Blicken sprach eine gewisse Unsicherheit, ein heimlicher Kummer musste ihre Seele belasten. Sie ging, sich unsicher umschauend, ob auch niemand sie sehe, mit einem Brief in der Rechten auf die Postfächer zu.

Es mochte eine Viertelstunde später sein, als sie noch immer dort stand. Der ominöse Brief wartete nun auf dem Abstelltisch, auf dem sie ihn vorerst schulterzuckend abgelegt hatte, auf sein weiteres Schicksal. Die Studentin nestelte aus ihrem Rucksack ein rotes Päckchen hervor, das sich alsbald als eine Schachtel Gauloise rouge zu erkennen gab. Aufgeregt fingerte sie eine Zigarette heraus, die sie sich sogleich zwischen die zitternden Lippen steckte. Danach wühlte sie mit fahrigen Bewegungen konfus in ihrem Rucksack herum, steckte die Nase in das dunkle Chaos, schüttete sodann die gesamten Utensilien auf den Abstelltisch neben den Brief und kramte aus ihnen ein Feuerzeug hervor. Mehrmalige Versuche, das grüne Ding zu entzünden, führten nicht zum Erfolg. Da flammte plötzlich ein von hinten ihr vor die bebenden Lippen gehaltenes rotes Feuerzeug auf. Ihr Kopf fuhr herum und die ganze Person erstarrte. „Mann, hast du mich erschreckt!"

Nachdem die Studentin nach mehreren heftigen Zügen Dampf abgelassen hatte und der junge Mann nach einigen vergeblichen Versuchen, sich ihr noch mit weiteren Entflammungsversuchen anzunähern, gescheitert war und sich deswegen wieder entfernt hatte, wischte sie, wie Gemüsereste vom Küchentisch in eine Mülltüte, ihre Habseligkeiten vom Tisch wieder in den Rucksack, nahm den Brief von dem Abstelltisch und warf ihn (selbst der Erzähler hätte das jetzt nicht erwartet) in das Postfach eines Dozenten. – Was für eine überraschende Wendung!

46

Subjekte

Zur Prostitution gezwungen

Die Suche nach den Subjekten, die wir schwarz zu unterstreichen hatten, gehört zu meinen ältesten Erinnerungen an den Grammatikunterricht in der Schule. Dabei bereitete mir das Ganze eigentlich erst richtig Freude, als die vorgegebenen Sätze des Lehrers in meinem Schulheft, an deren farblosem Sinn ich während meiner Malerarbeiten wenig Interesse zeigte, doch zu wundersamer Farbigkeit aufblühten: rot die Prädikate, blau die Objekte, grün die Adverbiale und, wenn es richtig schön wurde: lila die präpositionalen Objekte. Erst Jahrzehnte später ging mir auf, welch sensibles Farbgefühl dieser Lehrer gehabt haben musste, da er die präpositionalen Objekte mit ihrem Lila zwischen dem Blau der Objekte und dem Rot der Prädikate einfärben ließ, – sind sie doch einerseits tatsächlich Objekte und gehören sie andererseits eng zu den Prädikaten. Doch das Schwarz der Subjekte wollte mir nie recht gefallen, zumal es sich bald hier über mehrere Wörter erstreckte, bald dort, wenn es sich gut versteckt hatte, nur aus dem Wörtchen *es* bestand. Es war oft auch nicht leicht zu finden und ergab sich manchmal nur aus Wörtern, die übrig geblieben waren: *Einen tapfereren Mann* – das demaskierte sich schon an den auffälligen Endungen mit *-en* als blaues Objekt; *gibt* – das war natürlich das rote Prädikat; *dort nirgends* – die grünen Adverbiale antworteten stets auf bedeutungsvolle Fragen wie *wo, wann, wie* und *warum*, das war einfach; und übrig blieb dann eben das *es*; das konnte nichts anderes sein als schwarzes Subjekt. Denn ein Subjekt, so hatten wir gelernt, ist in jedem deutschen Satz irgendwo verborgen, auch wenn es sich noch so sinnlos und klein macht.

Es gab aber auch Subjekte, die sich regelrecht verkleidet zu haben schienen und deswegen in dem bunten Karneval der Satzglieder schwer zu entdecken waren: *Ihm wurde dennoch der Garaus gemacht.* Vielen von meinen Mitschülerinnen und Mitschülern mit solchen Sätzen wohl auch! Mich aber hat immer, wenn's knifflig wurde, der kindliche Forscherdrang gepackt. Ein Subjekt muss irgendwie am Schluss herauskommen! Auch wenn es seine aktive Potenz, an der es sich in normalen Sätzen zu erkennen gibt (denn fast immer geht irgendwas von ihm aus), ganz und gar nicht besitzt. Den Garaus machen ja im Allgemeinen die Subjekte den Objekten. Aber hier sollte nun *der Garaus* selbst als Subjekt übrig bleiben? Das passte so gar nicht zu seiner sonstigen Kraft – und auch nicht zu meinem durch Farbgebungsnotwendigkeiten erworbenen Konzept. Nun, Passivsätze, in denen dergleichen Anstößiges geschieht, hatten wir damals wahrscheinlich noch nicht durchgenommen. Jedenfalls behagte es mir überhaupt nicht, dass es auch Subjekte gab, die tot gemacht werden können und nicht selber töten, woran man mindestens erkennen kann, dass das Herumdenken an zwar formalen, aber wenigstens mit Farbigkeit zu versinnlichenden Einheiten schon bei dem Kind Fragen nach der Bedeutung von Satzgliedern aufwarf.

Dergleichen subjektive Geschichten gäbe es noch einige zu erzählen. Aber ich will mich auf nur eine weitere beschränken, die meiner Frau als Lehrerin im 5. Schuljahr passiert ist. Auch sie nahm, 30 Jahre später zwar mit weniger Farbigkeit, dafür mit mehr Sinn für den Sinn der Sätze, die Satzglieder durch und ließ Subjekte ermitteln. Dabei schlich sich in ihre Beispiele der schlichte Märchensatz ein: *Es lebte einmal in einem großen Reich ein König.* Prädikat *(lebte)*, Adverbial *(einmal)*, Subjekt *(ein König)*, Adverbiale *(wann? wo? – einmal – in einem großen Reich)* waren von den Kindern leicht zu benennen. Doch da blieb, unauffällig zwar, aber doch der Bezeichnung harrend, etwas übrig, großgeschrieben und am Satzanfang sich wie ein zweites Subjekt gebärdend: das Wörtchen *Es*. Das hatte es bisher noch nicht gegeben! Einige, zugegeben besonders insistierende, Kinder wollten aber nichts übrig lassen, schon gar nicht in einem Beispielsatz ihrer netten Lehrerin, in dem doch jedes Wort irgendwie in das erworbene Wissen von den Satzgliedern einzuordnen sein musste. „Noch ein Subjekt!", rief eine, die Nette hieß, triumphierend, was der Lehrerin aber gar nicht zu gefallen schien, denn von zwei Subjekten noch dazu in einem schlichten Sechs-Wörter-Satz hatte auch sie noch nicht gehört, wiewohl ihr der Satz selbst seit ihrer Kindheit vertraut war. Sollte sich hier die Sprache wieder einmal der Schulgrammatik des Sprachbuchs entziehen? Die Lehrerin tat das Beste, was man mit Kindern tun kann, und ließ sie über diese Merkwürdigkeit nachdenken. Und dann versprach sie ihnen, die Sache bis morgen aufzuklären.

Dass nicht nur Schüler und hin und wieder auch eine Lehrerin Probleme mit dem Subjekt haben, sondern auch Journalisten, davon erzählen die folgenden Beispiele. Journalisten gehören ja zu den Spracherfahrenen, die zwar ihre Grammatik im Kopf haben, aber in der Regel über sie kaum Auskunft geben können. Sie *haben* die Grammatik, aber sie *wissen* wenig darüber. Müssen sie auch nicht! Jedenfalls dann nicht, wenn sie nur ihre Richtigkeit beherrschen und die Wirkungen ihrer grammatisch richtigen und womöglich stilistisch ansehnlichen Sätze einschätzen können. Das ist freilich nicht immer so. Manchmal scheinen sie sich gar nicht vorstellen zu können, dass man einen Satz wie den folgenden falsch verstehen oder als Stilblüte interpretieren kann, die die Leser mindestens vorübergehend auf eine falsche Fährte führt:

Aus der „Rheinischen Post": *Mehr als 50 Frauen sollen zwei Westafrikaner nach NRW eingeschleust und zur Prostitution in Bordellen in Oberhausen, Düsseldorf und Köln gezwungen haben.*

Das wäre ja einmal etwas wirklich Neues und Aufsehen Erregendes! Die Frauen drehen den Spieß um und zwingen zwei einsame Männer zur Prostitution – und noch dazu an gleich drei verschiedenen Orten. Wie kommt es zu dieser immerhin nahe liegenden witzigen Interpretation? Und wie, dass wir das Ganze dann doch als Irrtum demaskieren können?

Zur Sache:

Wer in der Zeitungsnachricht was tut und also nur als Subjekt in Frage kommt, ist jedem Leser aus Erfahrung klar. Und natürlich auch dem Journalisten. Der wollte die Nachricht aber mit einer Gebärde des

Sensationellen ausstatten – und verzerrt sie dabei zu einer grinsenden Fratze. Er hatte wohl nicht berücksichtigt, dass sein Satz gelesen und nicht gesprochen wird. Was ihm angesichts der Sensation mit einem hochtönenden Fanfarenstoß (siehe *Thema – Rhema*): *Mehr als 50 Frauen* … im Ohr geklungen haben muss, das tritt dem Leser schlicht als schwarz-weißer Satzanfang entgegen, und von dem erwartet er nun einmal, zumal ohne vorausgehenden Kontext, dass dort ein Tätersubjekt steht. Er hört ja nicht die Sensationsfanfare, die immer dann besonders ertönt, wenn sich ein Objekt an die Stelle des Subjekts an den Satzanfang drängelt; er liest nur Wörter. Gottlob rückt unsere Erfahrung in solchen Fällen alles ins traurige Lot und verleiht dem Kaiser (sprich: Subjekt), was des Kaisers ist.

Das Subjekt nimmt in über der Hälfte aller deutschen Sätze am Satzanfang Platz. Das grammatische Subjekt ist diejenige syntaktische Größe, die im Nominativ steht. Semantisch betrachtet ist das Subjekt häufig von jemandem oder etwas besetzt, von dem eine Handlung oder ein Geschehen ausgeht. Es ist dann das „Agens" einer Aussage: *Ein Bi-Ba-Butzemann tanzt.* Will man das Subjekt stimmlich stärker betonen, so kann man es auch ans Ende des Satzes setzen. Dabei muss man in einem zweigliedrigen Satz allerdings die Subjektstelle noch einmal besetzen: *Es tanzt ein Bi-Ba-Butzemann.* So kommt es zu Sätzen wie *Es war einmal ein König*: Subjekt-Platzhalter – Prädikat – Subjekt. Solche Platzhalter müssen dem echten Subjekt bei Umstellungen dann wieder ihren Platz räumen und ins Niemandsland der Sprache abtauchen. *Es tönen die Lieder ·····› Die Lieder tönen.* An diesem Beispiel sehen (oder hören) Sie sehr deutlich, wie sich der Fokus der Aufmerksamkeit verändert: dort auf die *Lieder,* hier auf das *tönen;* denn je weiter wir uns nach hinten in einem Satz voranlesen, umso wichtiger werden die Informationen. Besonders in der Lyrik haben wir es, oftmals aus Gründen von Rhythmus und Reim, mit solchen Sätzen zu tun. So ist auch der Satz *Es lebte einmal in einem großen Reich ein König* zu erklären.

Es gibt aber Es-Subjekte anderer Art: *Es regnet.* Hier ist das *Es* ein echtes grammatisches Subjekt, das allerdings keine Bedeutung hat. Und manchmal steht das *Es* für etwas, das sich im Nachhinein erst deutlich zu erkennen gibt. So bei Arno Holz: *Es hat einen dicken Krö-tenbauch,* – ein wirkliches, gespenstisches *Es*-Subjekt, das sich als et-was entpuppt, von dem Bedrohung ausgeht.

Dasselbe Gedicht beginnt mit dem Satz *Mir graut vor meinem Schatten.* Das ist nun ein Satz ohne grammatisches Subjekt, denn ein Nominativ ist weit und breit nicht zu finden. Manche bezeichnen ein solches *Mir* im Dativ als „semantisches" oder „logisches" Subjekt, da es ja an Subjektstelle steht und von ihm selbst das Grauen ausgeht. Wir tun aber gut daran, bei dem Begriff Subjekt auf der Ebene der Grammatik zu bleiben und uns am Nominativ zu orientieren. Dann können wir nämlich einfach feststellen, dass die grammatische Größe Subjekt von verschiedenen semantischen Besatzungen eingenommen werden kann: von Tätern und Geschehensträgern *(Die Katzen ⟶ brachten den Mäusen eine Niederlage ein),* von nichts oder wenig sagenden Spielfiguren *(Es ging den Mäusen dabei an den Kragen)* oder gar von Figuren, die vom Geschehen betroffen sind, wie das in Passivsätzen der Fall ist: *Die Mäuse ⟵ wurden von den Katzen wieder einmal geschlagen. Sie ⟵ erlitten eine Niederlage.*

Vor einer besonderen Schwierigkeit stehen wir bei Sätzen wie *Wale sind Säugetiere* oder *Laura will Stewardess werden.* Zwei Nominative in einem Satz! Welcher von beiden gehört aber dem Subjekt? Meistens lässt sich die Frage mit Hilfe der „Kongruenzprobe" beantworten: Subjekt und Prädikat stimmen z. B. in der Pluralform überein. Und da ließen sich nun Umformungen vornehmen wie: *Wale gehören zur Gattung der Säugetiere,* aber nicht: *Zur Gattung der Säugetiere gehört Wale.* Oder: *Laura und Jessica wollen Stewardess werden,* aber nicht: *Stewardess will Laura und Jessica werden.* Also ist *Wale* Subjekt und *Laura* auch! Im Übrigen beantwortet sich die Frage nach dem Subjekt meistens auch so: *Wer ist was? Wer will was werden?* Denn als Subjekt tritt in der Regel das Besondere auf, als Gleichsetzungsnominativ das Allgemeine, was wir mit hinzugefügten Artikeln recht gut belegen können: *Die Laura will eine Stewardess werden – Der Wal ist ein Säugetier,* nicht aber umgekehrt: *Die Stewardess will eine Laura werden.* Außerdem ist die Reihenfolge ein gutes Indiz für das Subjekt: *Wale sind Säugetiere,* aber nicht: *Säugetiere sind Wale.*

Glauben Sie aber bitte nicht, dass ich damit alle Probleme angesprochen oder gar gelöst hätte, die das Subjekt den Sprachwissenschaftlern bereitet. *Sich intensiver damit zu beschäftigen, gehört schließlich zu Ihren Aufgaben.* Das Subjekt dieses Satzes, – ist es Ihnen klar? Natürlich! Wenn es Ihnen auch in meiner Variation gelingt, alle Subjekte ausfindig zu machen, dann haben Sie eine Menge dazugelernt.

Variation mit und ohne Subjekt: Frei nach Beethovens „Suche nach dem verlorenen Groschen"

Was zu erzählen ist bleibt rätselhaft. Befriedigend ist das allerdings für Sie als Leserinnen und Leser nicht. Aber von mir, dem Erzähler, kann Ihnen bei der Lösung des Rätsels nicht geholfen werden, schon gar nicht mit einem schlichten subjektlosen Satz. Der Studentin Wanda war schließlich auch nicht zu helfen. Sie zu unterstützen wäre ihrem ehemaligen Freund Janosch vielleicht möglich gewesen. Doch diesem Typ war eher an subjektiven und noch dazu zweifelhaften Komplimenten ohne Substanz gelegen. Damit war der Studentin zwar nicht zu imponieren. Doch ihr wurde beim Einwerfen des Briefes an ihren Dozenten in dessen Postfach immerhin zugeschaut. Vielleicht genügte ihr schon, wenigstens einen Zeugen zu haben. Was jedoch den Brief selbst betrifft: Wurde dem Dozenten nun etwas abgesagt oder zugesagt? Dem Motiv einer jungen Frau für eine so geheimnisvolle Sache auf die Spur zu kommen wird uns stets unmöglich bleiben. Ihre Probleme durch eine Geschichte wie diese gar lösen zu wollen ist von vornherein zur Vergeblichkeit verdammt. Da bleibt also abzuwarten, ob den Rätseln dieser Geschichte noch mit weiteren Variationen nachgespürt werden kann.

Verben

„Du hast gelügt!"

Es war auf der Insel Jersey, wo wir die Ferien verbrachten. Ich saß auf dem Balkon unseres Hotelzimmers, Blick auf das Meer in der Ferne, auf den Swimming-Pool in der Nähe. Zwei Mädchen, so um die fünf Jahre alt, waren sich in die Haare geraten. Den Anfang ihres Streits hatte ich nicht mitbekommen. Es schien aber eine ernsthafte Sache zu sein. Jedenfalls schrie die eine der beiden: „Du hast gelügt! Du hast gelügt!" Der Kleinen ging es um Wahrheit. Die andere schrie zurück: „Das heißt gelogen und nicht gelügt!" Die andere konterte also mit Richtigkeit. Wahrscheinlich hatte sie tatsächlich gelogen und war dabei ertappt worden. Da macht es sich gut, wenn man ein Argument hat, auch wenn Richtigkeit in aller Regel Unwahrheit nicht außer Kraft zu setzen imstande ist. „Gelügt oder gelogen! Egal!", schrie die Kleine unwillig zurück, und sie hatte Recht damit. Auf dem Höhepunkt ihres Streites verließ die Beschuldigte das Schlachtfeld und rannte einmal rund um den Pool herum – zu ihrer Mutter, die faul unter einem Sonnenschirm lag. Ich dachte schon, damit sei nun der Streit beendet. Doch kurz darauf kam das Mädchen mit wedelnden Armen und einer schönen Pointe zurück: „Und es heißt doch gelogen!", schrie sie die Kleine an. „Ich hab meine Mutter gefragt. Und die ist Deutschlehrerin." Doch die Belogene kümmerte sich nicht die Bohne um die Richtigkeit der Sprache. „Meinetwegen gelogen!", schrie sie. „Aber gelügt hast du doch!" Überzeugender kann man die richtige Grammatik wohl kaum außer Kraft setzen, wenn es um die richtige Semantik geht!

Zur Sache:

Vielleicht hat das bedauernswerte Kind, das keine Deutschlehrerin zur Mutter hat, zum ersten Mal das Partizip *gelügt* gebildet – in Analogie zu anderen regelmäßigen Verben wie *siegen – gesiegt*. Kreativer

Akt im Spracherwerb! Dass er zunächst zu einem falschen Ergebnis führen kann, ist das Schicksal vieler Sprachexperimente bei Kindern. Das kennen Sie, wenn Sie in der Grundschule tätig sind: *Er hat mich eingeschließt, sie hat mir nicht gehelft, unser Wellensittich ist weggefliegt* usw. Regelmäßige (schwach konjugierende) Verben – und das sind die meisten – kann man so ins Perfekt befördern, ohne dass man dies an allen einzeln lernen müsste. So gelangt man in der Regel ohne korrigierende Zurückweisungen zum Ziel. Die Formen der unregelmäßigen (stark konjugierenden) Verben aber muss man einzeln lernen. Davon gibt es zwar nur rund 170, aber es sind viele darunter, die wir täglich gebrauchen. Von ihnen gehören 22 zu jener Ablautreihe (i/ü – o – o), um die es in unserem Kinderstreit ging: *fliegen, flog, geflogen; ziehen, zog, gezogen; biegen, bog, gebogen; lügen, log, gelogen; betrügen, betrog, betrogen* usw. Die meisten von ihnen lernen die Kinder vom Hörensagen im alltäglichen Gebrauch, aber eben nur, wenn sie die Chance zum Hören und Sagen haben. Um die häufigsten dieser Formen zu erlernen, braucht es viel Spracherfahrung im Vorschulalter; nur wer viel mit seinen Kindern redet und ihnen vorliest, verankert diese Formen in ihrem Gedächtnis. Und in der Schule dann braucht es darüber hinaus Übung. Sich reimende Ablautreihen sind ein probates Mittel, das die Merkfähigkeit erhöht:

greifen, griff, gegriffen   *bleiben, blieb, geblieben*
pfeifen, pfiff, gepfiffen   *schreiben, schrieb, geschrieben*
kneifen, kniff, gekniffen   *treiben, trieb, getrieben*
            klingen, klang, geklungen
            springen, sprang, gesprungen
            singen, sang, gesungen usw.

Das Mädchen aus Jersey, das dem anderen mit einer falschen grammatischen Form eine richtige Lüge vorgeworfen hat, hat sicher zum ersten Mal die richtige Form gehört. In Zukunft wird sich eine Kontrahentin gegen einen ähnlichen Vorwurf wohl nicht mehr mit einem Argument verteidigen können, das es sich von einer Deutschlehrerinmutter ausleihen muss.

Wortstellung

nach Äsop **Die Mäuse und die Katzen**

Die Mäuse führten wieder einmal Krieg gegen die Katzen.
Dabei erlitten sie wie gewöhnlich eine Niederlage.
Also versammelten sie sich zu einer Beratung.
Hier kamen sie zu der Auffassung,
dass sie die Niederlagen wegen ihrer ständigen Uneinigkeit
einstecken mussten.
Darum erwählten sie einige aus ihrer Mitte zu Feldherren.
Diese sollten sich von den übrigen Mäusen dadurch
unterscheiden,
dass sie auf ihren Köpfen große Hörner trugen.
Dadurch sollten sie den Katzen Furcht einflößen.
Wenig später führten die Mäuse eine weitere Schlacht.
Verloren haben sie diese aber auch.
Die Mäusesoldaten schlüpften noch in ihre Löcher,
ihre Feldherren jedoch passten wegen der Hörner nicht hinein.
So wurden sie von den Katzen gefangen und verspeist.

Zur Sache:
Die Übertragung dieser Fabel ins Deutsche ist ein sehr schön aufge-
bauter Text. Jeder Satz schließt an den vorhergehenden durch ein Beziehungswort an, das mit einem Wort oder mit einem Sachverhalt des
vorausgehenden Satzes korrespondiert:

> *Die Mäuse führten wieder einmal **Krieg gegen die Katzen**.*
> ⸱⸱⸱⸱*Dabei **erlitten** sie wie gewöhnlich eine **Niederlage**.*
> ⸱⸱⸱⸱*Also versammelten sie sich zu einer **Beratung**.*
> ⸱⸱⸱⸱*Hier kamen sie zu der Auffassung ... usw.*

Am Anfang eines Satzes steht das „Thema", diejenige Größe also,
welche für die Information des Lesers als bereits bekannt anzusehen
ist. Am Ende eines Satzes steht dann jeweils das für die Kommunika-

tion Neue; man nennt es das „Rhema" einer Aussage. Der Aufbau der Sätze verläuft also vom Thema zum Rhema: erst niedriger Informationswert, dann höherer, das Bekannte vor dem Neuen oder das Bekanntere vor dem weniger Bekannten. Man hat so etwas den „zunehmenden Informationswert" von Sätzen in einem Text genannt. Man könnte das etwa so sichtbar machen:

⟵ *Dárum* | *wählten* ⟵ *sie* | *einige aus* ⟵ *ihrer Mitte* | **zu Feldherren**.

Liest man einen solchen Text vor, dann wird diese Struktur melodisch hörbar: Das erste Wort erhält einen melodischen Hochton (Tonhöhe), danach sinkt die Melodie kontinuierlich bis auf den Tiefton ab. Doch auf dem letzten Wort liegt ein Akzent (Tonschwere). Vom Flötenton zum Paukenschlag. Das hat auch etwas zu tun mit emotionaler und informativer Wichtigkeit. Mit der Tonhöhe signalisieren wir emotional die Beziehung, mit der Tonschwere kognitiv die Information. So musikalisch geht es in deutschen Sätzen fast immer zu, wenn man nur hinzuhören gelernt hat.

Aufmerksam hinhörend haben Sie gewiss vernommen, dass *ein* Satz der Fabel aus der Reihe tanzt: *Verloren haben sie diese aber auch.* Hier steht am Satzanfang das Rhema, das Wichtigste. Das ist eine ganz besondere Instrumentation: Flöte mit Paukenschlag! Welche Emotion und welche Spannung zwischen *verloren* … und … *auch*!

Die Musik eines Textes muss natürlich gut komponiert sein. Sie gelangt weder zu Schönheit noch zu Überzeugungskraft, wenn man die Sätze anders baut, etwa so:

Die Mäuse führten wieder einmal Krieg gegen die Katzen.
Sie erlitten wie gewöhnlich Niederlagen dabei.
Sie versammelten sich also zu einer Beratung.
Sie kamen hier zu der Auffassung,
dass sie wegen ihrer ständigen Uneinigkeit die Niederlagen
einstecken mussten.
Sie wählten darum einige zu Feldherren aus ihrer Mitte …

Das sind Sätze in der unmarkierten Folge vom Subjekt über das Prädikat zu den anderen Satzgliedern. Richtig, – aber nicht eben schön.

Zum ewigen Thema werden hier die Mäuse und nicht die Beziehungen zwischen den Sätzen; und das Wichtigste im Satz versteckt sich häufig im unbetonten und kaum akzentuierten Mittelfeld. Die Flöten kommen nicht recht zur Geltung, und die Pauken schlagen auf etwas drauf, was von untergeordneter Bedeutung ist.

Dass man mit einer besonderen Wortstellung auch mit Pauken und Trompeten die Ohren der Hörer zudröhnen kann, parodiert meine Variation, die im Stil einer Ode daherkommt. Das ist überinstrumentiert, wie Sie bemerken werden, und also auch wieder schlecht. Besondere Sätze, wie der eine in unserer Fabel, müssen eben wohldosiert sein und dem Inhalt entsprechen und dürfen nicht zum Selbstzweck aufblühen.

50 Variation mit exklusiver Wortstellung: Mit Pauken und Trompeten

Ruhelos vor den Postfächern der Uni steht Wanda, eine Studentin.
Zögernd in ihrer zitternden Hand hält sie den heißen Brief,
legt ihn auf einen der Tische, die zum Ablegen hingestellt.
Anzündet sie sich eine Zigarette. Den weißen Rauch bläst
in die Luft sie, um zu gewinnen Ruhe, die sie so nötig braucht.
Plötzlich kommt quer über den Uniflur Janosch.
„Du hattest doch aufgehört mit dem Rauchen!", sagt er.
Antwortet sie: „Ich brauche das, um zu erhalten mir meine
Schlankheit!"
„Nötig hast du das nicht! Dick steht dir gut", antwortet er.
„Helfen werden mir deine anzüglichen Komplimente
wohl kaum", kontert sie.
Anzufangen, denkt Janosch, ist mit der heute nichts,
– und verdrückt sich.
Aufstöhnt Wanda. Tief erzürnt von der Begegnung
wirft in das Postfach ihres Dozenten den Brief sie – und geht.

Wortstellung – Inversionen

51

Friedrich Hölderlin **Abendphantasie**

Vor seiner Hütte ruhig im Schatten sitzt
  Der Pflüger; dem Genügsamen raucht sein Herd.
    Gastfreundlich tönt dem Wanderer im
      Friedlichen Dorfe die Abendglocke.

Wohl kehren itzt die Schiffer zum Hafen auch,
  In fernen Städten fröhlich verrauscht des Markts
    Geschäftger Lärm; in stiller Laube
      Glänzt das gesellige Mahl den Freunden.

Wohin denn ich? Es leben die Sterblichen
  Von Lohn und Arbeit; wechselnd in Müh und Ruh
    Ist alles freudig; warum schläft denn
      Nimmer nur mir in der Brust der Stachel?

Am Abendhimmel blühet ein Frühling auf;
  Unzählig blühn die Rosen und ruhig scheint
    Die goldne Welt; o dorthin nehmt mich,
      Pupurne Wolken! Und möge droben

In Licht und Luft zerrinnen mir Lieb und Leid! –
  Doch, wie verscheucht von töriger Bitte, flieht
    Der Zauber; dunkel wirds, und einsam
      Unter dem Himmel, wie immer, bin ich –

Komm du nun, sanfter Schlummer! Zu viel begehrt
  Das Herz; doch endlich, Jugend! verglühst du ja,
    Du ruhelose, träumerische!
      Friedlich und heiter ist dann das Alter.

Zur Sache:

Damit Sie sich vor Augen halten können, wie hier die Worte gesetzt sind, muss ich Ihnen einige dieser schönen Verse einmal in unmarkierter, d. h. „normaler" Wortstellung vorstellen:

Der Pflüger sitzt ruhig im Schatten vor seiner Hütte ...
Die Abendglocke tönt im friedlichen Dorfe gastfreundlich
dem Wanderer ...
Die Sterblichen leben von Lohn und Arbeit ...
Ein Frühling blühet am Abendhimmel auf ...
Die Rosen blühn unzählig und die goldne Welt scheint ruhig ...
Lieb und Leid zerrinnen mir in Licht und Luft ...
Und ich bin wie immer einsam unter dem Himmel ...
Das Alter ist dann friedlich und heiter.

Schöne Worte auch das! Aber so ganz entblättert von Rhythmus und Klang, beraubt ihrer Spannung. Normal eben: Subjekt, Prädikat, Zeit vor Grund vor Ort vor Art und Weise, dann Dativ- und Akkusativ-Objekt. Oder: vom Thema zum Rhema, was die kommunikative Struktur angeht (siehe Seite 124 f.). Und das führt dann dazu: Keine erhobene Stimme, die das *Gastfreundlich* hervorhebt; im Gegenteil: es geht im Satzinnern beinahe verloren. Kein Glockenton ist zu hören, wenn die Abendglocke am Satzanfang läutet, wo ja das Subjekt meistens steht und dort zu keinem Glockenschlag auffordert. Der tönt erst auf am Ende eines Satzes, zumal wenn es das Subjekt ist, das so außergewöhnlich weit hinten steht. Und was erst geht dem vorletzten meiner Beispielsätze durch Normalstellung verloren! Kein Seufzer über dem *einsam* wird hörbar; das *ich* verliert seinen Akzent; und das anhaltende Einsam-Sein *(bin ich)* erhält keine Ausdehnung, sondern geht im Normalsatz verloren. Und dann gar die Hoffnung auf das *Alter,* die im Normalsatz vollends ihre Kraft einbüßt.

Im Normalsatz spielt jedes Satzglied sein Instrument: Das Subjekt am Satzanfang mit hohem Ton, nicht allzu laut, die Oboe; das letzte Satzglied mit Nachdruck die Pauke: *Die Abendglocke tönt im friedlichen Dorfe gastfreundlich dem Wánderer.*
Wie anders, wenn man die Rollen vertauscht: *Gastfreundlich tönt dem Wanderer im friedlichen Dorfe die Abendglocke.*

Die Oboe spielt jetzt, unterstützt vom Trompetenton der besonderen Stellung, die *Gastfreundlichkeit*, und die *Abendglocke* am Ende läutet laut und mit Paukenschlag. Besondere Sätze eben, übersetzt aus der Normalität in die Schönheit.

Nun muss man sehen: Das Spiel mit den Umstellungen der Satzglieder aus ihrer Normalstellung in diese besondere Stellung geschah unter dem formalen Gestaltungszwang, eine Ode in alkäischer Strophenform zu formen. Und die hat ihre metrischen Gesetzmäßigkeiten: vier Verse in der Ordnung Elfsilber, Elfsilber mit jeweils fünf Hebungen, Neunsilber, Zehnsilber. Das Metrum ist in den ersten drei Versen jambisch mit einer anapästischen Veränderung, im letzten Vers daktylisch mit einem trochäischen Ende. Das müssen Sie sich nicht merken! Ich muss aber darauf hinweisen, dass dies strenge Maß in der deutschen Sprache nicht leicht zu erfüllen ist. Satzgliedumstellungen sind somit schon mit dem Ziele erforderlich, die Sätze ins rechte Versmaß zu bringen. Und auch die Wortwahl ist wesentlich mitbestimmt von dem Metrum, da die Silbigkeit stimmen muss.

Dennoch wird man nicht sagen können, dass allein der Zwang der Form den Stil von Hölderlins Oden bestimmt. Er war schließlich kein Meistersänger, dem man den formalen Klapperatismus nachzählte! Die erste Strophe würde ja auch bei normaler Wortstellung (bei einigen leichten Wortveränderungen) das vorgeschriebene Versmaß erfüllen. Nein, hier war ein wirklicher Meister am Werk, dem es gelang, jedes Sinnwort ins Gleichmaß der Akzentuierungen und Betonungen einzugestalten. Ausgangspunkte des betrachtenden Blicks sind fast ausnahmslos die Orts- oder Zeitangaben: Kennzeichnung der Eindrücke, Ausdruck der Stimmung. Zielpunkte sind die Menschen, das eigene Ich, die davon angerührt und bewegt sind.

Der Inversionsstil Hölderlins hat also Bedeutung. Es sind die Orte und Stimmungen, von denen alle Betrachtung ausgeht; sie üben ihre Wirkung aus – auf das betroffene Ich des lyrischen Sprechers und auf den Leser. Die Subjekte, vielfach am akzentuierten Ende der Sätze, an welchem sonst das Objekt steht, das Betroffene, Affizierte kennzeichnend, verlieren auf diese Weise etwas von ihrer Agens-Funktion und erhalten den Anschein des von Empfindungen Affizierten: *Einsam unter dem Himmel ... bin ich.*

52

Zeitformen

Patrick Süskind **Ein Kampf**

An einem frühen Abend im August, als die meisten Menschen den Park bereits verlassen hatten, saßen sich im Pavillon an der Nordwestecke des Jardin du Luxembourg noch zwei Männer am Schachbrett gegenüber, deren Partie von einem guten Dutzend Zuschauer mit so gespannter Aufmerksamkeit verfolgt wurde, daß, obwohl die Stunde des Aperitivs schon näher rückte, niemand auf den Gedanken gekommen wäre, die Szene zu verlassen, ehe der Kampf sich nicht entschieden hätte.

Das Interesse der kleinen Menge galt dem Herausforderer, einem jüngeren Mann mit schwarzen Haaren, bleichem Gesicht und blasierten dunklen Augen.

(…) Vielleicht war es nur die attraktive und zugleich unnahbare Erscheinung des jungen Mannes, seine elegante Kleidung, seine körperliche Wohlgestalt; vielleicht waren es die Ruhe und Sicherheit, die in seinen Gesten lagen; vielleicht die Aura von Fremdheit und Besonderheit, die ihn umgab – jedenfalls sah sich das Publikum, ehe noch der erste Bauer gezogen war, schon fest davon überzeugt, daß dieser Mann ein Schachspieler ersten Ranges sei, der ein von allen insgeheim ersehntes Wunder vollbringen würde, welches darin bestand, den lokalen Schachmatador zu schlagen.

Dieser, ein ziemlich scheußliches Männlein von etwa siebzig Jahren, war in jeder Hinsicht das genaue Gegenteil seines jugendlichen Herausforderers. (…)

Alle hatten sie schon gegen ihn gespielt und immer gegen ihn verloren, denn obwohl er alles andere als ein genialer Schachspieler war, hatte er doch die seine Gegner zermürbende, sie aufbringende und geradezu hassenswerte Eigenschaft, keine Fehler zu machen. Man konnte sich bei ihm nicht darauf verlassen, daß er einem durch die kleinste Unaufmerksamkeit entgegenkam. Es mußte einer, um ihn zu besiegen, tatsächlich besser spielen als er.

Dies aber, so ahnte man, würde noch heute geschehen: Ein neuer Meister war gekommen, den alten Matador aufs Kreuz zu legen – ach was! –, ihn niederzumachen, niederzumetzeln Zug um Zug, ihn in den Staub zu treten und ihn die Bitterkeit einer Niederlage endlich kosten zu lassen. Das würde manche eigne Niederlage rächen. (…)

Die ersten Züge des Spiels verliefen in der üblichen Weise. Dann kam es zweimal zum Abtausch von Bauern, dessen zweiter damit endete, daß Schwarz auf einer Linie einen Doppelbauern zurückbehielt, was im allgemeinen nicht als günstig gilt. Der Fremde hatte jedoch den Doppelbauern gewiß mit vollem Bewußtsein in Kauf genommen, um in der Folge seiner Dame freie Bahn zu schaffen. Diesem Ziel diente offenbar auch ein sich anschließendes Bauernopfer, eine Art verspätetes Gambit, das Weiß nur zögernd, beinahe ängstlich annahm. Die Zuschauer warfen sich bedeutende Blicke zu, nickten bedenklich, schauten gespannt auf den Fremden.

Der unterbricht für einen Moment sein Zigarettenrollen, hebt die Hand, greift nach vorn – und in der Tat: er zieht die Dame! Zieht sie weit hinaus, weit in die Reihen des Gegners hinein, spaltet gleichsam mit seiner Damefahrt das Schlachtfeld in zwei Hälften. Ein anerkennendes Räuspern geht durch die Reihen. Was für ein Zug! Welch ein Elan! Ja, daß er die Dame ziehen würde, man ahnte es – aber gleich so weit! Keiner der Umstehenden – und es waren durchweg schachverständige Leute – hätte einen solchen Zug gewagt. Aber das machte eben den wahren Meister aus. Ein wahrer Meister spielte originell, riskant, entschlossen – eben einfach anders als ein Durchschnittsspieler. Und deshalb brauchte man als Durchschnittsspieler auch nicht jeden einzelnen Zug des Meisters zu verstehen, denn…in der Tat verstand man nicht recht, was die Dame dort sollte, wo sie sich befand. Sie bedrohte nichts Vitales, griff nur Figuren an, die ihrerseits gedeckt waren. Aber der Zweck und tiefere Sinn des Zuges würde sich bald enthüllen, (…) Und nach längerem Zögern und Wägen schlägt Jean, anstatt auf den großräumigen Damezug eine entsprechend großräumige Antwort zu geben, ein kleines Bäuerlein auf H4, das durch das Vorrücken der schwarzen Dame seiner Deckung entblößt war.

Dem jungen Mann gilt dieser abermalige Bauernverlust für nichts. Er überlegt keine Sekunde lang – dann fährt seine Dame nach rechts, greift ins Herz der gegnerischen Schlachtordnung, landet auf einem Feld, von wo sie zwei Offiziere – ein Pferd und einen Turm – gleichzeitig angreift und darüber hinaus in bedrohliche Nähe der Königslinie vorstößt. In den Augen der Zuschauer glänzt die Bewunderung. Was für ein Teufelskerl, dieser Schwarze! Welche Courage! „Ein Professioneller", murmelt es, „ein Großmeister, ein Sarasate des Schachspiels!" Und ungeduldig wartet man auf Jeans Gegenzug, ungeduldig vor allem, um den nächsten Streich des Schwarzen zu erleben.

Und Jean zögert. Denkt, martert sich, wetzt auf dem Stuhl hin und her, zuckt mit dem Kopf, es ist eine Qual, ihm zuzusehen – zieh endlich, Jean, zieh und verzögere nicht den unausweichlichen Gang der Ereignisse! (…)

Nach sieben, acht Zügen und Gegenzügen ist das Schachbrett verödet. Die Bilanz der Schlacht sieht verheerend für Schwarz aus: Es besitzt nur noch drei Figuren, nämlich den König, einen Turm, einen einzigen Bauern. (…)

(…) der junge Mann scheint völlig unbeeindruckt von der katastrophalen Lage. Er ist am Zug. Ruhig nimmt er seinen Turm und rückt ihn um ein Feld nach rechts. Und wieder wird es still in der Runde. Und tatsächlich treten jetzt den erwachsenen Männern die Tränen in die Augen vor Hingebung an dies Genie von einem Spieler. Es ist wie am Ende der Schlacht von Waterloo, als der Kaiser die Leibgarde in das längst verlorene Gefecht schickt: Mit seinem letzten Offizier geht Schwarz erneut zum Angriff über!

Weiß hat nämlich seinen König auf der ersten Linie auf G1 postiert und drei Bauern auf der zweiten Linie vor ihm stehen, sodaß der König eingeklemmt und daher tödlich bedroht stünde, gelänge es Schwarz, wie es dies offenbar vorhat, im nächsten Zug mit seinem Turm auf die erste Linie vorzustoßen.

Nun ist diese Möglichkeit, einen Gegner schachmatt zu setzen, wohl die bekannteste und banalste, fast möchte man sagen, die kindischste aller Möglichkeiten im Schachspiel, beruht ihr Erfolg doch allein darauf, daß der Gegner die offenkundige Gefahr nicht erkennt und keine Gegenmaßnahmen einleitet, deren wirksamste darin besteht, die Reihe der Bauern zu öffnen und so dem König Ausweiche zu verschaffen; einen erfahrenen Spieler, ja sogar einen fortgeschrittenen Anfänger mit diesem Taschenspielertrick matt setzen zu wollen ist mehr als frivol. (…)

Und Jean überlegt. Wiegt bedenklich den Kopf hin und her, wägt, wie es seine Art ist, die Möglichkeiten gegeneinander ab, zögert noch einmal – und dann wandert seine zitternde, von Altersflecken übersäte Hand nach vorn, ergreift den Bauern auf G2 und setzt ihn auf G3.

Die Turmuhr von Saint-Sulpice schlägt acht. Die andern Schachspieler des Jardin du Luxembourg sind längst zum Aperitiv gegangen, der Mühlebrettverleiher hat längst seine Bude geschlossen. Nur in der Mitte des Pavillons steht noch um die zwei Kämpfer die Gruppe der Zuschauer. Sie schauen mit großen Kuhblicken auf das Schachbrett, wo ein kleiner weißer Bauer die Niederlage des schwarzen Königs besiegelt hat. (…)

Der junge Mann saß da und schwieg. Dann rollte er die Zigarette mit dem Daumen an die Spitze von Zeige- und Mittelfinger und steckte sie sich in den Mund. Zündete sie an, nahm einen Zug, blies den Rauch übers Schachbrett. Glitt mit seiner Hand durch den Rauch, ließ sie einen Moment über dem schwarzen König schweben und stieß ihn dann um.

Es ist eine zutiefst ordinäre und böse Geste, wenn man den König umstößt zum Zeichen der eigenen Niederlage. Es ist wie wenn man nachträglich das ganze Spiel zerstört. Und es macht ein häßliches Geräusch, wenn der umgestoßene König gegen das Brett schlägt. Jedem Schachspieler sticht es ins Herz.

Der junge Mann, nachdem er den König verächtlich mit einem Fingerschlag umgestoßen hatte, erhob sich, würdigte weder seinen Gegner noch das Publikum eines Blicks, grüßte nicht und ging davon.

Die Zuschauer standen betreten, beschämt, und blickten ratlos auf das Schachbrett. Nach einer Weile räusperte sich der eine oder andre, scharrte mit dem Fuß, griff zur Zigarette. – Wieviel Uhr ist es? Schon Viertel nach acht? Mein Gott, so spät! Wiedersehn! Salut Jean …! (…)

Der Lokalmatador blieb alleine zurück. Er stellte den umgestoßenen König wieder aufrecht hin und begann, die Figuren in ein Schächtelchen zu sammeln, erst die geschlagenen, dann die auf dem Brett verbliebenen. Während er das tat, ging er, wie es seine Gewohnheit war, die einzelnen Züge und Stellungen der Partie noch einmal in Gedanken durch. Er hatte nicht einen einzigen Fehler gemacht, natürlich nicht. Und dennoch schien ihm, als habe er so schlecht gespielt wie nie in seinem Leben. Nach Lage der Dinge hätte er seinen Gegner schon in der Eröffnungsphase matt setzen müssen. Wer einen so miserablen Zug wie jenes Damengambit zuwege brachte, wies sich als Ignorant des Schachspiels aus. Solche Anfänger pflegte Jean je nach Laune gnädig oder ungnädig, jedenfalls aber zügig und ohne Selbstzweifel abzufertigen. Diesmal aber hatte ihn offenbar die Witterung für die wahre Schwäche seines Gegners verlassen – oder war er einfach feige gewesen? Hatte er sich nicht getraut, mit dem arroganten Scharlatan, wie er es verdiente, kurzen Prozeß zu machen?

Nein, es war schlimmer. Er hatte sich nicht vorstellen *wollen*, daß der Gegner so erbärmlich schlecht sei. Und noch schlimmer: Fast bis zum Ende des Kampfes hatte er glauben wollen, daß er dem Unbekannten nicht einmal ebenbürtig sei. (…)

Aber dann hatte er natürlich doch wieder gewonnen. Und es war ihm dieser Sieg der ekelhafteste seiner Laufbahn, denn er hatte, um ihn zu vermeiden, ein ganzes Schachspiel lang sich selbst verleugnet und erniedrigt und vor dem erbärmlichsten Stümper der Welt die Waffen gestreckt.

Er war kein Mann großer moralischer Erkenntnisse, Jean, der Lokalmatador. Aber soviel war ihm klar, als er mit dem Schachbrett unterm Arm und dem Schächtelchen mit den Figuren in der Hand nach Hause schlurfte: daß er nämlich in Wahrheit heute eine Niederlage erlitten hatte, eine Niederlage, die deshalb so furchtbar und endgültig war, weil es für sie keine Revanche gab und sie durch keinen noch so glänzenden künftigen Sieg wieder würde wettzumachen sein. Und daher beschloß er – der im übrigen auch nie je ein Mann großer Entschlüsse gewesen war –, Schluß zu machen mit dem Schach, ein für allemal.

Künftig würde er Boules spielen wie all die andern Rentner auch, ein harmloses, geselliges Spiel von geringerem moralischen Anspruch.

Zur Sache:

Süskinds Erzählung *Ein Kampf* ist das Paradoxon einer Niederlage durch einen Sieg. Zum einen mussten die Zuschauer eines Schachspiels, die in den jungen Herausforderer ihres verhassten Lokalmatadors alle Hoffnungen auf einen Sieg gesetzt hatten, eine Niederlage erfahren, da sie in ihrem Hass selbst dessen dümmste Züge als geniale Verwegenheiten interpretierten und dann eines Schlechteren belehrt wurden. Zum anderen musste dieser Matador trotz seines Sieges eine innere Niederlage erfahren, da er zum ersten Mal nicht gemerkt hatte, dass sein Herausforderer ihn narrte mit einem Spiel unter aller Würde – und er einem blutigen Laien aufgesessen war.

Die Situation spielt auf einem öffentlichen Schachplatz in Paris; die Ereigniszeit, über die erzählt wird, erstreckt sich über die etwa zwei, drei Stunden eines Schachspiels und des anschließenden Rückblicks des Gewinners auf dieses Spiel. Der allwissende Erzähler hat in seiner Sprechzeit bereits zeitliche Distanz zu dem Ereignis gewonnen: Er erzählt rückblickend. Im Basistempus des Präteritums schildert er die örtliche Situation, beschreibt die beiden Gegner und das Verhalten der Zuschauer und berichtet Zug um Zug nacheinander über den Verlauf des Spiels. Dabei rückt er mit Hilfe des szenischen Präsens die Ereignisse bald nahe an den Zuschauer heran, bald setzt er sie wieder in Distanz zu ihm. Er lässt aber auch die Zuschauer des Spiels Gedankenreden führen über die jeweils in der nächsten Zukunft zu erwartenden Schachzüge, kommentiert als Erzähler selbst einzelne Züge und lässt den Sieger am Ende Rückschau halten auf das abgelaufene Spiel.

Der Leseprozess des Ganzen wird dabei gesteuert durch den Gebrauch der Tempora. Wie differenziert das geschieht, darüber möchte ich Auskunft geben:

In Abschnitt 1 steht das Präteritum für das Erzählen aus der Distanz: *An einem frühen Abend im August ... saßen sich im Pavillon ... noch zwei Männer am Schachbrett gegenüber ...*

Dann stehen Infinitivsätze und würde-Passagen für den Blick in die nächste Zukunft im Vergangenheitskontext: *Dies aber, so ahnte man, würde noch heute geschehen: Ein neuer Mann war gekommen, den alten Matador aufs Kreuz zu legen ...*

Später wählt der Erzähler das so genannte „szenische" Präsens für das enge Heranführen des Lesers an die Situation: *Der unterbricht für einen Moment sein Zigarettenrollen, hebt die Hand ...*

Wiederholt steht die Gedankenrede der Zuschauer im Präteritum: *... Aber das machte eben den wahren Meister aus. Ein wahrer Meister spielte originell ...*

Ab und zu verwendet der Erzähler das Präsens in seiner verallgemeinernden Funktion für die Erzählerkommentare: *Es ist eine zutiefst ordinäre und böse Geste, wenn man den König umstößt ...*

Am Ende steht der innere Rückblick des Siegers auf sein Spiel im Plusquamperfekt: *Er hatte nicht einen einzigen Fehler gemacht, natürlich nicht ...*

Zeit stellt im Darstellen und Verfolgen eines spannenden Spiels ein sprachliches Problem dar, das aber allein mit den Mitteln der Tempusgestaltung nicht gelöst werden kann. Distanz gewinnen, Nähe erzeugen, Rückschau halten, Gedankenrede führen, Erwartungen in die Zukunft kennzeichnen, das alles ist mit Hilfe der recht abstrakten Tempora möglich. Doch die Zeit benennen können sie nicht. Dazu bedarf es konkreter Wörter. Das Erzähltempo beschleunigen, Zeiträume überbrücken, Verzögerungen aufbauen, Zeitgleichheit und Zeitabstände markieren, den Beginn von etwas Neuem, den Abschluss einer Episode darstellen: Das alles ist nur mit Wörtern, Wortgruppen, Satzgliedern möglich. Der erste Absatz enthält bereits Beispiele dafür.

An einem frühen Abend im August, als ... bereits ... noch zwei Männer ... die Stunde des Aperitivs schon näher rückte ... ehe der Kampf usw. Und natürlich ist das gesamte Spiel von solchen Hinweisen auf Zeit bestimmt: *Die ersten Züge ... Nach längerem Zögern ... Nach sieben, acht Zügen ... Jetzt treten den erwachsenen Männern Tränen in die Augen ... Die Turmuhr schlägt acht ... Nach einer Weile ...* bis hin zu *Schluss zu machen mit dem Schach, ein für allemal.*

Etwa zwei bis drei Stunden dauert das Spiel und das, was darüber hinaus erzählt wird. Diese reale Zeitspanne wird aber nicht zeitsynchron erzählt. Das Verhältnis von der Zeit, die in der erzählten Wirklichkeit abgelaufen ist, zur Zeit, die das Erzählen selbst in Anspruch nimmt, kann mit den alten Begriffen „erzählte Zeit" – „Erzählzeit" nur unzulänglich beschrieben werden. Was aber erfasst werden kann, das sind die tatsächlich etwa synchron verlaufenden Passagen von Ereigniszeit und Erzähldauer, die Stellen, an denen der Vorgang gerafft bzw. gedehnt wird oder an denen zeitliche Zwischenräume übersprungen werden. So werden die ersten Schachzüge zeitlich gerafft, der Damezug später unter Einbeziehung der Gedankenrede zeitlich gedehnt, während die Reaktionen darauf in etwa synchron beschrieben werden. In dem vollständigen Text von Süskind gibt es noch weitere entsprechende Stellen. Solche Verzögerungen und Beschleunigungen des Tempos (man könnte von „narrativen Rubati" sprechen) sind genauso bemerkenswert wie jene die Spannung aufbauenden Vorausdeutungen und Rückverweise.

Variation mit zeitlichen Verzögerungen: Rubato

Die Wege der Dinge *sind* unergründlich. So unergründlich *ging* es auch mit einem Brief zu, von dem der Erzähler weder *weiß,* warum er *geschrieben wurde,* noch wohin er seinen Weg *nehmen würde.* Er *lag* in den Händen einer Studentin, der wir den Namen Wanda geben *wollen,* und *harrte* dort seines Schicksals. Die Hände der Frau *zitterten,* ihr Gesicht *war* gerötet. Aufgeregt *näherte* sie sich den Postfächern der Uni. Der Brief *fiel* ihr aus den Fingern und *klatschte* auf den Steinfußboden. Sie *klaubte* ihn auf. Ängstlich *glitten* ihre Blicke über die Namen der Postfächer. Ihre Augen *hefteten* sich an einem der Namen fest. Das *ist* er! Wanda *seufzte.* Schon *hatte* sie den Brief einwurfsbereit dicht bis an den Schlitz des Postfachs *gefingert,* – da *wirft* sie ihn auf den Beistelltisch neben den Postfächern. Nein, ich *kann* es nicht!, *schreit* es in ihr. Mit noch immer zitternden Händen *zündet* sie sich eine Zigarette an. Plötzlich *steht* ihr ehemaliger Freund Janosch neben ihr: „Du *rauchst?* Wegen des Briefes?" – „Nein, weil ich zu dick *geworden bin.*" – „Und was *kann* dieser Brief dafür?" – „Welcher Brief? Ach, *lass* mich in Ruhe!" Wir *wissen* nicht, warum sie den unschuldigen Brief *verleugnet hat,* der da noch immer auf dem Beistelltisch *lag.* Oder *war* er gar nicht so unschuldig? Jedenfalls *ging* Janosch seiner Wege, nicht ohne noch *gesagt* zu haben: „Was *hast* du denn gegen dick?" Wanda *blickte* zum Brief hinunter. *Konnte* man ihm ansehen, wie gewichtig er *war?* *War* er ihr tatsächlich zu dick *geraten? Sollte* sie ihn nicht besser noch einmal schreiben? Nein, ich *kann* es nicht!, *schrie* es noch einmal in ihr. Fest *entschlossen,* sich das Ganze noch einmal zu überlegen, *nahm* sie den Brief von dem Tisch und *warf* ihn in das Postfach ihres Dozenten.

Zeitformen-Wechsel

Robert Musil **Hasenkatastrophe**

Die Dame war gewiss erst am gestrigen Tag aus der Glasscheibe eines großen Geschäfts herausgetreten; niedlich war ihr Puppengesichtchen; man hätte mit einem Löffelchen darin umrühren mögen, um es in Bewegung zu sehn. Aber man trug selbst Schuhe mit honigglatten, wachswabendicken Sohlen zur Schau, und Beinkleider, wie mit Lineal und weißer Kreide entworfen. Man entzückte sich höchstens am Wind. Er presste das Kleid an die Dame und machte ein jämmerliches kleines Gerippe aus ihr, ein dummes Gesichtchen mit einem ganz kleinen Mund. Dem Zuschauer machte er natürlich ein kühnes Gesicht.

Kleine Hasen leben ahnungslos neben den weißen Bügelfalten und den teetassendünnen Röcken. Schwarzgrün wie Lorbeer dehnt sich der Heroismus der Insel um sie. Möwenscharen nisten in den Mulden der Heide wie Beete voll weißer Schneeblüten, die der Wind bewegt. Der kleine, weiße, langhaarige Terrier der kleinen, mit einem Pelzkragen geschmückten weißen Dame stöbert durch das Kraut, die Nase fingerbreit über der Erde; weit und breit ist auf dieser Insel kein anderer Hund zu wittern, nichts ist da als die ungeheure Romantik vieler kleiner, unbekannter, die Insel durchkreuzender Fährten. Riesengroß wird der Hund in dieser Einsamkeit, ein Held. Aufgeregt, messerscharf gibt er Laut, die Zähne blecken wie die eines Seeungeheuers. Vergebens spitzt die Dame das Mündchen, um zu pfeifen; der Wind reißt ihr das kleine Schällchen, das sie hervorbringen möchte, von den Lippen.

Mit solch einem stichligen Fox habe ich schon Gletscherwege gemacht; wir Menschen glatt auf den Skiern, er blutend, bis zum Bauch einbrechend, vom Eis zerschnitten, und dennoch voll wilder, nie ermattender Seligkeit. Jetzt hat dieser hier etwas aufgespürt; die Beine galoppieren wie Hölzchen, der Laut wird ein Schluchzen. Merkwürdig ist an diesem Augenblick, wie sehr solche flach auf dem Meer schwebende Insel an die großen Kare und

Tafeln im Hochgebirge erinnert. Die schädelgelben, vom Wind geglätteten Dünen sind wie Felsenkränze aufgesetzt. Zwischen ihnen und dem Himmel ist die Leere der unvollendeten Schöpfung. Licht leuchtet nicht über dies und das, sondern schwemmt wie aus einem versehentlich umgestoßenen Eimer über alles. Man ist jedesmal erstaunt, dass Tiere diese Einsamkeit bewohnen. Sie gewinnen etwas Geheimnisvolles; ihre kleinen weichwolligen und -fedrigen Brüste bergen den Funken des Lebens. Es ist ein kleiner Hase, den der Fox vor sich hertreibt. Ich denke: eine kleine, wetterharte Bergart, nie wird er ihn erreichen. Eine Erinnerung aus der Geografiestunde wird lebendig: Insel – eigentlich stehen wir da auf der Kuppe eines hohen Meerbergs? Wir, zehn bis fünfzehn lungernd zusehende Badegäste in farbigen Tollhausjacken, wie sie die Mode vorschreibt. Ich ändere meinen Gedanken noch einmal ab und sage mir, das Gemeinsame wäre nur die unmenschliche Verlassenheit: Verstört wie ein Pferd, das den Reiter abgeworfen hat, ist die Erde überall dort, wo der Mensch in der Minderheit bleibt; ja, gar nicht gesund, sondern wahrhaft geisteskrank erweist sich die Natur im Hochgebirge und auf kleinen Inseln. Aber zu unserem Erstaunen hat sich die Entfernung zwischen dem Hund und dem Hasen verringert; der Fox holt auf, man hat so etwas noch nie gesehen, ein Hund, der den Hasen einholt! Das wird der erste große Triumph der Hundewelt! Begeisterung beflügelt den Verfolger, sein Atem jauchzt in Stößen, es ist keine Frage mehr, dass er binnen wenigen Sekunden seine Beute eingeholt haben wird. Da schlägt der Hase den Haken. Und das erkenne ich an etwas Weichem, weil der harte Riss diesem Haken fehlt, es ist kein Hase, es ist nur ein Häschen, ein Hasenkind.

Ich fühle mein Herz; der Hund hat beigedreht; er hat nicht mehr als fünfzehn Schritte verloren; in wenigen Augenblicken ist die Hasenkatastrophe da. Das Kind hört den Verfolger hinter dem Schweifchen, es ist müde. Ich will dazwischenspringen, aber es dauert so lange, bis der Wille hinter den Bügelfalten in die glatten Sohlen fährt; oder vielleicht war der Widerstand schon im Kopf. Zwanzig Schritte vor mir – ich müsste fantasiert haben, wenn das

Häschen nicht verzagt stehen blieb und seinen Nacken dem Verfolger hinhielt. Der schlug seine Zähne hinein, schleuderte es ein paarmal hin und her, dann warf er es auf die Seite und grub sein Maul zwei-, dreimal in Brust und Bauch.

Ich sah auf. Lachende, erhitzte Gesichter standen umher. Es war plötzlich wie vier Uhr morgens geworden nach durchtanzter Nacht. Der Erste von uns, der aus dem Blutrausch erwachte, war der kleine Fox. Er ließ ab, schielte misstrauisch zur Seite, zog sich zurück; nach wenigen Schritten fiel er in kurzen eingezogenen Galopp, als erwarte er, dass ihm ein Stein nachfliegen werde. Wir andern aber waren bewegungslos und verlegen. Eine schale Atmosphäre menschenfresserischer Worte umgab uns, wie „Kampf ums Dasein" oder „Grausamkeit der Natur". Solche Gedanken sind wie die Untiefen eines Meeresbodens, aus ungeheuerer Tiefe emporgestiegen und seicht. Am liebsten wäre ich zurückgegangen und hätte die sinnlose kleine Dame geschlagen. Das war eine aufrichtige Empfindung, aber keine gute, und so schwieg ich und fiel damit in das allgemeine, unsichere, sich nun bildende Schweigen ein. Endlich nahm ein hochgewachsener, behaglicher Herr aber den Hasen in beide Hände, zeigte seine Wunden den Hinzugetretenen und trug die dem Hund abgejagte Leiche wie einen kleinen Sarg in die Küche des nahen Hotels. Dieser Mann stieg als erster aus dem Unergründlichen und hatte den festen Boden Europas unter den Füßen.

Zur Sache:

Die Geschichte ist einfach: Der kleine Foxterrier eines vornehmen Dämchens jagt irgendwo in den Dünen am Meer einen kleinen Hasen auf, beißt ihn zu Tode, – und die Feriengäste schauen dem Drama zu. Doch die Geschichte erhält ihre Kontur erst durch die Beobachtungen, Reflexionen und Erinnerungen des Erzählers.

Der Anfang und das Ende der Geschichte, der erzählte Teil, stehen im Erzähltempus des Präteritums. Ironische Distanz von Anbeginn an. Daran schließen einige betrachtende Sätze an: *Kleine Hasen leben ahnungslos ...,* – zeitenthobenes Präsens, das unvermittelt übergeht in das Präsens der Beobachtung: *Der kleine ... Terrier stöbert durch das Kraut.* Es folgen Erinnerungen an einen ähnlichen Hund, ausgelöst durch die Gegenwart; Vergangenes steht jetzt im Perfekt: *Mit solch einem stichligen Fox habe ich schon Gletscherwege gemacht ...* Wiederum mit dem Perfekt richtet der Erzähler die Aufmerksamkeit auf das, was sich in der unmittelbaren Gegenwart abspielt: *Jetzt hat dieser hier etwas aufgespürt ...* Und dann folgt der längere Mittelteil des Textes, fast alles im Präsens gestaltet. Doch dieses Präsens hat es in sich! Es deutet als Gegenwartsform den Leser auf unmittelbar sich Ereignendes hin: *Die Beine galoppieren wie Hölzchen ...* Das Präsens führt als Form des Zeitlosen hinein in Reflexionen, die im Kopf des Erzählers stattfinden: *Merkwürdig ist an diesem Augenblick ...* Es richtet den Blick des Lesers dann wieder auf das gerade ablaufende Ereignis: *Es ist ein kleiner Hase, den der Fox vor sich hertreibt ...* Es markiert als Verallgemeinerungsform das, was hier ironisierend als allgemein gültig erklärt wird: *Wahrhaft geisteskrank erweist sich die Natur im Hochgebirge und auf kleinen Inseln.* Dass auch das Perfekt eine allgemein gültige Erfahrung kennzeichnen kann, zeigt der Satz *Man hat so etwas noch nie gesehen.* Und auch das ist dem Präsens natürlich möglich, dass es auf Zukünftiges verweist: *In wenigen Augenblicken ist die Hasenkatastrophe da.*

Der Höhepunkt der Geschichte ist aber nun wieder im Präteritum gestaltet: *Der schlug seine Zähne hinein, ... grub sein Maul zwei-, dreimal in Brust und Bauch.* Kein szenisches Präsens also an der dramatischsten Stelle, was ja auch im vielgestaltig präsentischen Kontext gar nicht zur Wirkung kommen würde, sondern zurück in die erzählten Ereignisse! Beobachtungen aus ironischer Distanz bis ans Ende der Geschichte. Die temporalen Gewichte sind hier also ganz anders verteilt als etwa bei Süskind. Das Präsens für das Geschehen, das Nachdenken auslöst, das Präteritum für das Geschehen selbst, die Ironie unterstützend. Und das Perfekt an den Übergangsstellen, Gegenwärtiges und Erlebtes verbindend. Das ist eine meisterliche temporale Komposition.

Wäre es auch anders gegangen? Natürlich hätte der Erzähler die gesamte Jagd des Terriers auch im Präteritum darstellen und womöglich am Höhepunkt ins szenische Präsens wechseln können. Die Dramatik der Ereignisse hätte er dadurch gewiss gesteigert. Doch daran war ihm nicht gelegen. Das Ereignis war ihm ja nur Folie für nachdenkenswerte Gedanken und für ironische Betrachtungen über die *Untiefen* eines alltäglichen Ereignisses, dessen Grausamkeit in Kontrast gestellt wird zu dem Puppendämchen am Anfang und den behaglichen Herren am Ende.

In meiner Variation Fuga, die, wie es sich für ein Variationenwerk ziemt, am Ende steht, habe ich versucht, alle Register der Zeitgestaltung in einem Text zu ziehen: von den Wörtern und Satzgliedern, mit denen wir Zeitliches kennzeichnen (Adjektive, Adverbien, Adverbiale, Konjunktionen, Datumsangaben usw.), bis hin zu den verschiedenen Zeitformen (die alle in dieser Variation vorkommen).

Zeitlichkeits-Variation: Fuga

Am 6. November, also *gestern,* begab sich Wanda, eine Studentin, in die Universität, die sie *seit Semesterbeginn* nicht mehr betreten hatte, denn sie hatte sich *in den letzten Wochen* auf die Prüfungen vorzubereiten, die *im Dezember* stattfinden sollten. Sie trug einen Brief an einen ihrer Dozenten in der Hand. Ich denke, sie wird ihn *vorgestern Nacht* geschrieben haben, und *nun* wird sie ihn *endlich* in den Briefkasten einwerfen. *Als* sie vor den Postfächern stand, *da* ist sie sich jedoch *plötzlich* ihrer Sache nicht mehr so sicher. *Nachdem* sie den Brief auf einem der Abstelltische abgelegt hatte, zündete sie sich *erst einmal* eine Zigarette an. *Während* sie die Rauchkringel in die Luft bläst, überlegt sie, ob es tatsächlich *der richtige Augenblick* sei, ihrem Dozenten *schon jetzt* mit dieser Mitteilung zu kommen. Hatte das nicht *noch Zeit bis nach* den Prüfungen? *Just in diesem Moment* steht ihr *ehemaliger* Freund Janosch neben ihr.

„Du rauchst ja *wieder!* Hattest du es nicht *vor einem Jahr* aufgegeben?", sagt er.

„Das ist *lange her!*", erwidert sie.

„Damals ist es dir nicht bekommen!"

„Heute bekommt es mir!"

„Wie ist das möglich?"

„Seit ich wieder rauche, habe ich zwölf Kilo abgenommen."

„Früher zu unserer Zeit sahst du aber mit den Kilochen besser aus."

„Jetzt in meiner Zeit gefalle ich mir selbst aber besser!"

„Das wird es wohl sein! Ja, ja, tempus fugit!"

„So nostalgisch *auf einmal?*"

Und *dann* sagte er *noch Folgendes,* was sich auch wie Latein anhörte:

„Carpe diem!" – Und verschwand *wieder.*

Sie rief ihm *noch* nach:

„Fortan nicht *mehr* mit mir!"

Aber sein lateinischer Spruch wird bei ihr *am Ende* wohl doch auf fruchtbaren Boden gefallen sein, denn sie rief: *„Jetzt* oder *nie!*" *Daraufhin* warf sie den Brief in das Postfach.

(Und damit bin ich mit meinen Variationen *endlich* dort angelangt, wohin ich Sie habe führen wollen. Ein *langer zeitlicher Weg,* auf dem Sie mich begleitet haben! Die Geschichten werden Sie gewiss angeregt haben, sich musikalisch in sie einzuhören. Wenn Sie sich aber *bis hierhin noch immer* keinen Reim darauf gemacht haben, *dann* liegt das nicht an mir, dem musikalischen Erzähler, sondern an Ihren falschen Erwartungen. Oder haben Sie *jemals* von musikalischen Variationen erwartet, in denen es ausschließlich um Grammatik geht, dass sie Ihnen etwas Bedeutungserhellendes darüber sagen, was in irgendeinem Brief an irgendeinen Dozenten steht?)

Verzeichnis der Fachausdrücke

Literaturnachweis

nach Äsop: Die Mäuse und die Katzen

Brecht, Bertolt: Wenn die Haifische Menschen wären, aus: Werke.
Große kommentierte Berliner und Frankfurter Ausgabe, Band 18.
© Suhrkamp Verlag, Frankfurt 1995

Busch, Wilhelm: Eine Nachtgeschichte, aus: Sämtliche Werke und eine
Auswahl der Skizzen und Gemälde in zwei Bänden, Band 1.
Hg. v. Rolf Hochhuth. C. Bertelsmann Verlag, Gütersloh o. J.

Dürrenmatt, Friedrich: Der Auftrag oder vom Beobachten des Beobach-
ters der Beobachter: Novelle. © Diogenes AG, Zürich

Fontane, Theodor: Lindow, aus: Wanderungen durch die Mark Branden-
burg/Theodor Fontane. Borowsky, München 1976

Frisch, Max: Pfannenstiel, aus: Tagebuch 1946–1949.
© Suhrkamp Verlag, Frankfurt 1950

Fuld, Werner: Als Kafka noch die Frauen liebte. Luchterhand
Literaturverlag, o. O. 1994, S. 84

Hebel, Johann Peter: Der Heiner und der Brassenheimer Müller,
aus: Schwänke des Hebel'schen Rheinländischen Hausfreundes:
(1808–1831). Harenberg, Dortmund 1979

Holz, Arno: Berliner Himmelfahrtstag. 1. aus: Arno Holz: Phantasus.
Hg. v. Gerhard Schulz. Stuttgart, Reclam 1968
2. aus: Arno Holz: Werke, Band V. Hg. v. Wilhelm Emrich und
Anita Holz. Berlin, Neuwied 1962

Hölderlin, Friedrich: Abendphantasie, aus: Gedichte.
Hg. v. Edgar Hederer. Müller & Kiepenheuer Verlag, Bergen o. J.

Kafka, Franz: Der plötzliche Spaziergang. Erzählungen.
Hg. v. Michael Müller, Nachwort v. Gerhard Kurz. Philipp Reclam jun.,
Stuttgart 1995, S. 33

Kleist, Heinrich von: Anekdote, aus: Sämtliche Werke und Briefe,
Band 2. Hg. v. Helmut Sembdner. Deutscher Taschenbuchverlag,
München 2001, S. 268

Kleist, Heinrich von: Das Bettelweib von Locarno. Stroemfeld,
Basel/Frankfurt 1997

Morgenstern, Christian: Der Werwolf, aus: Gesammelte Werke in einem
Band. Piper, München/Zürich, 8. Auflage 2003, S. 207 f.

Musil, Robert: Hasenkatastrophe, aus: Gesammelte Werke.
© 1978 by Rowohlt Verlag GmbH, Reinbek bei Hamburg

Süskind, Patrick: Ein Kampf, aus: Patrick Süskind: Drei Geschichten und
eine Betrachtung. © 1995 Diogenes Verlag AG, Zürich

Timm, Uwe: Erziehung, aus: Bundesdeutsch. Lyrik zur Sache Grammatik.
Hg. v. Rudolf Otto Wiemer. Peter Hammer Verlag, Wuppertal 1974

Walser, Robert: Einmal geschah es, aus: Aus dem Bleistiftgebiet, Band 1.
© Suhrkamp Verlag, Frankfurt 1985 mit Genehmigung der Inhaberin
der Rechte der Carl Seelig-Stiftung Zürich, S. 145 f.

Weiss, Peter: Es war noch dunkel ..., aus: Fluchtpunkt.
© Suhrkamp Verlag, Frankfurt 1962

Einzelne Texte folgen aus urheberrechtlichen Gründen den Regeln der
alten Rechtschreibung.